**Anthologie
de la
littérature
française**

XVIIe

siècle

D1390662

*Collection dirigée par
Robert Horville*

Conception graphique : : Vincent Saint Garnot
Coordination éditoriale : Emmanuelle Fillion
Lecture-correction : Larousse
Coordination de la fabrication : Marlène Delbeken
Recherche iconographique : Nanon Gardin

Illustrations :

p. 15 : « Le jeu de paume sur la place Sainte-Croix
à Florence », estampe de la série des *Caprices,*
par Jacques Callot (1592-1635). Bibliothèque nationale,
Paris. Photo X. Détail.

p. 55 : gravure de Chauveau pour *le Grand Cyrus,* de
Mlle de Scudéry. Bibliothèque nationale, Paris.
Photo Larousse. Détail.

p. 141 : *la Peste chez les Philistins,* gravure de Picart
d'après Nicolas Poussin (1594-1665). Bibliothèque
nationale, Paris. Photo Larousse. Détail.

p. 285 : illustration de Picart pour *Entretiens sur la
pluralité des mondes,* de Fontenelle. Bibliothèque
nationale, Paris. Photo B.N. Détail.

Anthologie
de la
littérature
française

XVIIe
siècle

Textes choisis et présentés par
Robert Horville
docteur ès lettres

Le siècle de Louis XIV

Le siècle
de Louis XIV

*L*es historiens appellent le XVIIᵉ siècle « le siècle de Louis XIV ». Ils montrent ainsi le rôle déterminant joué par ce souverain. Louis XIV a construit une monarchie forte et centralisée : la monarchie absolue. Parallèlement, il a favorisé l'éclosion d'une expression artistique, le classicisme, attachée au respect de règles précises d'écriture, plus attiré par la solidité d'une composition bien ordonnée que par les prestiges de l'imagination. Mais ce nouvel ordre ne s'impose pas brutalement : il est l'aboutissement d'une évolution qui se déroule tout au long de la période.

De 1598 à 1715 :
cinq moments historiques

Une époque ne commence pas évidemment avec le siècle et ne s'achève pas avec lui. Le XVIIᵉ siècle débute dans les faits en 1598, avec la promulgation par Henri IV de l'édit de Nantes qui met un terme aux sanglantes guerres de Religion entre les catholiques et les protestants (1562-1598). Il s'achève en 1715, avec la mort de Louis XIV. Cinq règnes ou interrègnes ponctuent cette période.

Henri IV (1589-1610), avec l'aide du ministre Sully, s'efforce de reconstruire le pays dévasté et de restaurer son unité. Mais son assassinat par le fanatique catholique Ravaillac en 1610 montre la difficulté de la tâche et la persistance de l'intolérance religieuse.

De 1610 à 1617, Marie de Médicis assure la régence, en attendant que son fils, le futur Louis XIII, âgé de neuf ans à la mort de son père Henri IV, soit en âge de régner. La France vit, de nouveau, une période troublée marquée par les complots politiques et le réveil des guerres de Religion.

Sous le règne de Louis XIII (1617-1643), l'ordre se rétablit progressivement. Le ministre Richelieu, auquel le roi fait appel en 1624, contribue largement à l'affirmation du pouvoir royal.

Avec la régence d'Anne d'Autriche (1643-1661), la France connaît de nouveaux troubles. Mazarin, le ministre qui succède à Richelieu mort en 1642, est impopulaire, ce qui provoque la Fronde, troubles civils dont le pays souffrira cinq ans durant (1648-1652).

Sous Louis XIV (1661-1715), un régime politique fort et centralisé s'établit, l'économie se développe, notamment sous l'impulsion du ministre Colbert, le rayonnement culturel s'affirme. Mais, comme c'est souvent le cas pour tout régime politique, ce long règne s'enfonce peu à peu dans la sclérose et suscite les désillusions.

La monarchie absolue

La monarchie absolue, dont Louis XIV poursuit et achève la construction, répond à trois grands principes : le pouvoir royal doit être fort, sans partage et centralisé. Les grandes lignes politiques s'inspirent de ces principes. Le roi doit affirmer sa toute-puissance, en éliminant les forces susceptibles d'affaiblir son autorité.

Comme ses prédécesseurs, Louis XIV s'efforce, en particulier, de réduire le rôle de la noblesse : il lui ôte toute responsabilité politique, en faisant appel à des ministres d'origine bourgeoise ; il la domestique, en l'amenant à s'intégrer à cette cour somptueuse dont il s'entoure, symbole prestigieux de son pouvoir. Il apparaît ainsi désormais comme le centre de la France, vers lequel tout converge.

À une époque où religion et pouvoir sont intimement liés, Louis XIV travaille également à reconstituer l'unité religieuse du royaume. Il desserre l'emprise du pape sur le clergé et surtout restreint les droits reconnus aux protestants, pour finalement révoquer purement et simplement l'édit de Nantes en 1685.

Le monarque veille aussi à ce que se constitue une société homogène, en amenant les milieux sociaux privilégiés à adopter comme des modèles les goûts et les comportements de la cour. Il attache enfin une grande importance à la culture, dont dépendent largement le fonctionnement et l'évolution de la société : il charge notamment les académies, dont l'Académie française, créée en 1635 par Richelieu, d'élaborer et d'imposer une forme d'art fondée sur l'ordre et la régularité.

Du baroque au classicisme

Parallèlement à cette évolution politique, un mouvement conduit progressivement l'art et la littérature du baroque au classicisme. Mais, au-delà de cette opposition majeure qui traverse le siècle, des constantes s'imposent tout au long de la période : l'idéalisme et le réalisme ne cessent de s'affronter et de faire entendre, notamment dans le roman, leurs voix discordantes ; deux genres, la littérature d'idées (essais philosophiques, réflexion sur l'homme et le monde...) et le théâtre, affirment leur prééminence.

Quatre grandes périodes littéraires

Après l'humanisme de la Renaissance, qui naufrage dans les guerres de Religion, s'impose, de 1598 à 1630, ce qu'on appelle le baroque. Ce courant refuse d'enfermer la création à l'intérieur de règles fixes, exalte la relativité et la liberté, pratique la surcharge et le décoratif. Le romancier Honoré d'Urfé (1567-1625) et le poète Théophile de Viau (1590-1626) en sont les principaux représentants.

La période qui va de 1630 à 1661, avec Pierre Corneille (1606-1684) ou Blaise Pascal (1623-1662), peut être qualifiée de « préclassique » : elle marie l'exaltation baroque et le souci de la rigueur propre au classicisme.

De 1661 à 1685, triomphe ce qui sera plus tard appelé le « classicisme », qui entend respecter des règles précises d'écriture, qui croit en l'absolu, qui mise sur la simplicité et la clarté. Ce courant donne naissance à toute une génération d'écrivains prestigieux qui, malgré les contraintes, savent, comme Jean de La Fontaine (1621-1695), Molière (1622-1673), madame de Sévigné (1626-1696) ou Jean Racine (1639-1699), exprimer leur personnalité, faire œuvre originale.

Enfin, de 1685 à 1715, avec notamment Jean de La Bruyère (1645-1696), la crise de la littérature accompagne la crise politique : c'est le temps des remises en cause, qui annonce déjà le XVIIIᵉ siècle, le siècle des Lumières.

Deux constantes : l'idéalisme et le réalisme

L'ensemble du XVIIᵉ siècle est marqué par la permanence de deux tendances : l'idéalisme et le réalisme. Les idéalistes ont une conception du monde qui privilégie l'esprit. Ils méprisent tout ce qui est matériel, quotidien et ne retiennent par exemple de l'amour, que ses aspects spirituels, pour en rejeter toute la dimension sensuelle. Cet idéalisme se manifeste notamment dans la préciosité, mouvement social et littéraire qui repose, en particulier, sur une conception sophistiquée de l'amour et sur le recours à un langage raffiné. Il s'affirme dans le roman : *l'Astrée* (1607-1627) d'Honoré d'Urfé, les romans de Madeleine de Scudéry (1607-1701) ou ceux de madame de La Fayette (1634-1693), notamment *la Princesse de Clèves* (1678), racontent ainsi des passions contrariées, fondées sur l'estime et sur l'aspiration à un bonheur difficilement accessible ou impossible. L'idéalisme trouve également un terrain privilégié dans la tragédie qui, elle aussi, montre la difficulté, pour les héros, d'atteindre leur idéal. Il se développe enfin également dans la poésie lyrique, où peut se manifester toute la délicatesse des sentiments.

Les réalistes, au contraire, s'efforcent de décrire la vie quotidienne, s'attachent à détailler les caractères et les mœurs dans tous leurs aspects, même les plus crus. Parallèlement à l'idéalisme, cette tendance réaliste parcourt tout le roman du XVIIᵉ siècle, marquant notamment de son empreinte *l'Histoire comique de Francion* (1623) de Charles Sorel (1602-1674), *le Roman comique* (1651-1657) de Paul Scarron (1610-1660) ou *le Roman bourgeois* (1666) d'Antoine Furetière (1619-1688). Elle est également visible dans la comédie, qui met en scène les ridicules et les vices des contemporains. Elle imprègne la poésie satirique, qui décrit avec minutie les mœurs du temps pour mieux en dénoncer les travers.

Deux genres dominants :
la littérature d'idées et le théâtre

Au cours du XVIIe siècle, deux genres dominent nettement la littérature française. La littérature d'idées à caractère philosophique, religieux, moral, psychologique ou historique connaît un développement considérable. Cet épanouissement, qui produit les œuvres de Blaise Pascal, de la marquise de Sévigné ou de Jacques-Bénigne Bossuet (1627-1704), s'explique à la fois par l'attirance pour la réflexion qui marque cette période et par les affrontements d'idées qui la déchirent.

Dans une société qui accorde une grande importance au paraître, le théâtre constitue un autre genre dominant. Le XVIIe siècle est considéré comme l'âge d'or du théâtre français. Les représentations théâtrales attirent tous les publics et favorisent ainsi un certain brassage social. Les troupes de comédiens rivalisent de talent pour attirer les spectateurs. Le pouvoir ne ménage pas ses encouragements ni ses aides. Ces conditions favorables permettent l'éclosion de nombreux auteurs dramatiques, parmi lesquels s'illustrent Pierre Corneille, Molière et Jean Racine.

1598-1630

La période baroque

La période baroque, une époque troublée et flamboyante

Un mélange de cruauté et de raffinement

Cette toute première période littéraire du XVIIᵉ siècle, qui correspond à l'épanouissement du baroque, couvre la fin du règne de Henri IV (1598-1610), la régence de Marie de Médicis (1610-1617) et la première partie du règne de Louis XIII (1617-1630).

C'est une époque agitée. La France ne se remet que lentement des guerres de Religion. Des épisodes sanglants marquent la vie politique : en 1610, Henri IV est assassiné ; en 1617, Concini, le favori de Marie de Médicis, un aventurier avide de puissance, est tué sur l'ordre du jeune Louis XIII ; en 1627-1628, la ville de La Rochelle, tenue par les protestants qui y avaient organisé un État indépendant, est assiégée, puis prise par les troupes royales.

Ces années 1598-1630 sont caractérisées par un étrange mélange de cruauté et de raffinement. Alors qu'on se massacre allègrement, les dames de la cour sont envoûtées par l'univers des romans, qui leur permettent d'échapper aux dures réalités du temps. Leur engouement est tel qu'elles ne se résignent pas à s'arracher à leur lecture passionnante même durant la messe et continuent à lire les récits qui leur plaisent tant, en dissimulant les ouvrages sous une reliure de livres religieux. Les habitués des salons, lieux de réunion de l'élite sociale et intellectuelle, prennent comme surnoms les noms des héros de romans à la mode. Tandis que les complots et les assassinats se succèdent, s'élabore, dans des traités, l'idéal raffiné du courtisan.

Les écrivains, les artistes, de même que les penseurs n'échappent pas à cette contradiction. Épris de beauté, ils mènent souvent, par ailleurs, une vie agitée et pleine de dangers. Ainsi, en 1619, le philosophe Vanini, accusé de ne pas croire en Dieu et de pratiquer la sorcellerie, meurt sur le bûcher à Toulouse. Quelques années plus tard, en 1623, le poète Théophile de Viau est condamné par le parlement de Paris à être brûlé vif : on lui reproche son hostilité à la religion, son athéisme. Il échappera à cette mort horrible en se réfugiant auprès du duc de Montmorency. C'est dans ce contexte contrasté et dangereux que se développe la littérature baroque.

Les flamboiements du baroque

L e baroque illumine de ses mille feux la littérature des années 1598-1630. Attiré par l'exubérance, par la fantaisie, par la saveur et la complexité de la vie, il exprime toute sa richesse dans la variété de l'inspiration et dans la diversité des genres pratiqués. La littérature d'idées continue à se définir par rapport à la religion. Le conflit entre catholiques et protestants donne naissance à des œuvres militantes. Parallèlement, la libre-pensée (le courant libertin, qui tente de tout expliquer à partir du fonctionnement de la matière et donc refuse les croyances religieuses) s'affirme, avec notamment Gassendi (1592-1655). Mais l'inspiration dominante relève d'un humanisme chrétien marqué par la tolérance, convaincu que la persuasion est préférable à la violence. François de Sales (1567-1622) apparaît comme le représentant le plus significatif de ce courant de pensée.

Ces années 1598-1630 constituent la grande période poétique du XVIIᵉ siècle. La poésie lyrique, expression des sentiments personnels, s'y développe, avec François de Malherbe (1555-1628) ou Théophile de Viau (1590-1626). Parallèlement, l'inspiration politique est favorisée par la complexité de la situation et par les troubles. La poésie satirique, qui révèle les vices et les ridicules des comportements humains, est également représentée, avec notamment Mathurin Régnier (1573-1613).

L'outrance baroque est particulièrement manifeste dans le roman. D'une part, l'*Histoire comique de Francion* (1623) de Charles Sorel (1602-1674) cultive le réalisme, en décrivant les différents milieux urbains et ruraux défavorisés du début du

XVIIᵉ siècle. D'autre part, *l'Astrée* (1607-1627) d'Honoré d'Urfé (1567-1625) développe une vision antiréaliste du monde, en représentant des bergères et des bergers idéalisés.

Le théâtre de cette époque est caractérisé par la démesure. L'action est d'une très grande complexité : elle se déroule sur plusieurs jours, prend place dans des lieux multiples, représente des faits souvent invraisemblables, joue sur la terreur et sur la cruauté. C'est le règne de la tragi-comédie, qui mêle intimement tension dramatique et épisodes comiques. Alexandre Hardy (1570-1632), auteur de quelque six cents pièces, est le représentant le plus caractéristique de cette tendance. Mais l'œuvre théâtrale la plus réussie de cette époque est incontestablement une tragédie, *Pyrame et Thisbé* (1621), du poète Théophile de Viau, qui met en scène des amours contrariées dans le cadre exotique de la ville de Babylone.

FRANÇOIS DE SALES *(1567-1622)*

···

L'ESPRIT DE TOLÉRANCE. Né en Savoie dans une région où les protestants sont fortement implantés, François de Sales mène une action de conversion au catholicisme fondée sur la persuasion et la douceur. Sa modération se manifeste également dans les règles de vie établies pour les religieuses de l'ordre de la Visitation, qu'il fonde avec madame de Chantal, la grand-mère de madame de Sévigné : dans cet établissement consacré au culte de la Vierge règnent une grande liberté et une grande tolérance.

Canonisé en 1665, François de Sales a laissé une œuvre empreinte de cette tolérance. En s'appuyant sur un bon sens paysan et en faisant preuve d'un talent certain de vulgarisateur, il développe une conception de la religion qui repose sur l'humanisme : il est confiant dans l'homme et dans ses capacités de progrès.

INTRODUCTION À LA VIE DÉVOTE (1608). Dans cet ouvrage majeur, François de Sales, en une expression concrète, imagée, donne toute une série de conseils aux croyants pour qu'ils se conforment aux règles de piété dans la conduite de leur vie quotidienne.

Dans le chapitre IV de la quatrième partie, il raconte l'histoire de sainte Catherine de Sienne, tentée par un diable lubrique.

« J'étais dans ton cœur, ma fille »

L' histoire du combat de sainte Catherine de Sienne en un pareil sujet est du tout[1] admirable : en voici le sommaire[2]. Le malin esprit eut congé[3] de Dieu d'assaillir la pudicité de cette sainte vierge avec la plus grande rage qu'il pourrait, pourvu toutefois qu'il ne la touchât point. Il fit donc toutes sortes d'impudiques suggestions à son cœur. Et pour tant plus l'émouvoir, venant avec ses compagnons en forme d'hommes et de femmes, il faisait mille et mille sortes de charnalités et lubricités[4] à sa vue, ajoutant des paroles et semonces[5] très déshonnêtes. Et bien que toutes ces choses fussent extérieures, si est-ce que par le moyen des sens elles pénétraient bien avant dedans le cœur de la vierge, lequel, comme elle le confessait elle-même, en était tout plein, ne lui restant plus que la fine pure volonté supérieure qui ne fût agitée de cette tempête de vilenie[6] et délectation[7] charnelle. Ce qui dura fort longuement, jusqu'à tant qu'un jour Notre Seigneur lui apparut, et elle lui dit : « Où étiez-vous, mon doux Seigneur, quand mon cœur était plein de tant de ténèbres et d'ordures ? » À quoi il répondit :

---

1. En tout, totalement.
2. Le résumé.
3. Eut la permission.
4. Il avait des attitudes sensuelles, indécentes.
5. Injonctions, incitations.
6. Chose vile.
7. Plaisir.

« J'étais dans ton cœur, ma fille. » « Et comment »,
répliqua-t-elle, « habitiez-vous dedans mon cœur,
25   dans lequel il y avait tant de vilenies ? Habitez-vous
donc en des lieux si déshonnêtes ? » Et Notre Seigneur lui dit : « Dis-moi, ces tiennes sales cogita-
tions[1] de ton cœur te donnaient-elles plaisir ou
tristesse, amertume ou délectation ? » Et elle dit :
30   « Extrême amertume et tristesse. » Et il lui répliqua :
« Qui était celui qui mettait cette grande amertume
et tristesse dedans ton cœur, sinon moi, qui demeu-
rais caché dans le milieu de ton âme ? »

INTRODUCTION À LA VIE DÉVOTE, *1608,*
partie IV, chapitre IV.

Guide de lecture
....

**1. Vous étudierez la
progression du récit.**
**2. Vous montrerez la
vivacité et le caractère
concret de l'expression.**

**3. Que veut démontrer
ici François de Sales ?**

_____

1. Pensées.

MALHERBE   *(1555-1628)*

....

PRÉCURSEUR DU CLASSICISME. Issu d'une famille protes-
tante normande, François de Malherbe se convertit au
catholicisme et se met au service d'un fils naturel du roi
Henri II, le gouverneur de Provence François d'Angou-
lême. Dès 1575, il commence à écrire. Après la mort de
son protecteur, il retourne en Normandie. Ce n'est
qu'en 1605 qu'il s'installe à Paris, où il devient une
sorte d'écrivain officiel de la cour et participe à l'édition
du *Parnasse des plus excellents poètes de ce temps* en
1607.

Alors, et donc fort tardivement, vient pour lui la
consécration. Il est désormais considéré comme une autorité dans son domaine et élabore une doctrine littéraire faite de modération et de raison, expression d'un
baroque dominé. Logique de la pensée et de la
construction, rejet de l'incohérence et de l'ambiguïté,
recherche de la pureté de la langue, tels sont les principes d'une démarche qui annonce le classicisme de la
seconde partie du XVIIe siècle.

**LE PARNASSE DES PLUS EXCELLENTS POÈTES DE CE TEMPS
(1607).** « Consolation à monsieur du Périer », qui fait
partie de ce recueil, a été écrit par Malherbe en 1598,
après la mort de la fille d'un de ses amis, avocat au parlement d'Aix-en-Provence. Il reprend le genre traditionnel de la consolation, poème destiné à compatir à
la douleur d'un proche et à l'amener à accepter son

deuil. Malherbe développe les thèmes convenus de la mort, de la fuite du temps, de la relativité des choses, mais en les vivifiant, en les renouvelant par la force de son inspiration.

« Ta douleur, du Périer, sera donc éternelle »

Ta douleur, du Périer, sera donc éternelle,
       Et les tristes discours
Que te met en l'esprit l'amitié paternelle
       L'augmenteront toujours ?

5 Le malheur de ta fille au tombeau descendue
       Par un commun trépas,
Est-ce quelque dédale, où ta raison perdue
       Ne se retrouve pas ?

Je sais de quels appas son enfance était pleine,
10   Et n'ai pas entrepris,
Injurieux ami, de soulager ta peine
       Avecque son mépris.

Mais elle était du monde, où les plus belles choses
       Ont le pire destin :
15 Et rose elle a vécu ce que vivent les roses,
       L'espace d'un matin.

Puis quand ainsi serait, que selon ta prière
       Elle aurait obtenu

D'avoir en cheveux blancs terminé sa carrière[1],
20   Qu'en fût-il advenu ?

Penses-tu que plus vieille en la maison céleste,
         Elle eût eu plus d'accueil[2] ?
Ou qu'elle eût moins senti la poussière funeste,
         Et les vers du cercueil ?

25 Non, non, mon du Périer, aussitôt que la Parque
         Ôte l'âme du corps[3],
L'âge s'évanouit au-deçà de la barque[4]
         Et ne suit point les morts.

Tithon n'a plus les ans qui le firent cigale[5] :
30   Et Pluton[6] aujourd'hui,
Sans égard du passé les mérites égale
         D'Archémore[7] et de lui.

Ne te lasse donc plus d'inutiles complaintes :
         Mais sage à l'avenir,
35 Aime une ombre comme ombre, et de cendres
                           [éteintes
         Éteins le souvenir.

---

1. Sa vie.
2. Elle eût été mieux accueillie.
3. Atropos, l'une des Parques qui filaient la trame de la vie des mortels, était chargée de couper le fil et de donner ainsi la mort.
4. Charon transportait les morts dans une barque.
5. Tithon fut transformé, très âgé, en cigale.
6. Dieu des Morts.
7. Prince mort très jeune.

C'est bien, je le confesse, une juste coutume,
Que le cœur affligé
Par le canal des yeux vidant son amertume
30   Cherche d'être allégé.

Même quand il advient que la tombe sépare
Ce que Nature a joint,
Celui qui ne s'émeut a l'âme d'un Barbare,
Ou n'en a du tout point[1].

45 Mais d'être inconsolable, et dedans sa mémoire
Enfermer un ennui,
N'est-ce pas se haïr pour acquérir la gloire
De bien aimer autrui ?

Le Parnasse des plus excellents poètes de ce temps, *1607*,
« *Consolation à monsieur du Périer* », v. 1 à 48.

Guide de lecture
....

1. **Quels arguments Malherbe utilise-t-il pour consoler son ami ?**
2. **Vous relèverez toutes les évocations de la mort en montrant comment elle est relativisée.**

3. **Quel effet l'alternance d'alexandrins (vers de 12 pieds) et de demi-alexandrins (vers de 6 pieds) produit-elle ?**

---

1. N'a pas du tout d'âme, de cœur.

C'est en 1605 que François de Malherbe écrit le poème qui suit à la gloire d'Henri IV, prêt à partir pour le Limousin, afin de mater la rébellion du duc de Bouillon. Après avoir évoqué les troubles passés, il remercie Dieu d'avoir donné à la France un si bon roi, qui a su rétablir la paix civile, et le prie de veiller sur sa vie. Malherbe reprend la tradition du poème d'éloges, mais sans tomber dans les exagérations et dans la flatterie qui caractérisent généralement ce genre.

« Et les fruits passeront la promesse des fleurs »

Tu[1] nous rendras alors nos douces destinées :
Nous ne reverrons plus ces fâcheuses années,
Qui pour les plus heureux n'ont produit que
[des pleurs :
Toute sorte de biens comblera nos familles,
5 La moisson de nos champs lassera les faucilles,
Et les fruits passeront la promesse des fleurs.

La fin de tant d'ennuis dont nous fûmes la proie,
Nous ravira les sens de merveille, et de joie ;
Et d'autant que le monde est ainsi composé,
10 Qu'une bonne fortune en craint une mauvaise,
Ton pouvoir absolu, pour conserver notre aise[2],

---

1. Malherbe s'adresse à Dieu.
2. Notre bien-être.

Conservera celui qui nous l'aura causé.
Quand un roi fainéant, la vergogne[1] des princes,
Laissant à ses flatteurs le soin de ses provinces,
15 Entre les voluptés indignement s'endort,
Quoi que l'on dissimule on n'en fait point d'estime :
Et si la vérité se peut dire sans crime,
C'est avecque[2] plaisir qu'on survit à sa mort.

Mais ce roi, des bons rois l'éternel exemplaire,
20 Qui de notre salut est l'ange tutélaire[3],
L'infaillible refuge, et l'assuré secours,
Son extrême douceur ayant dompté l'envie,
De quels jours assez longs peut-il borner sa vie,
Que notre affection ne les juge trop courts ?

25 Nous voyons les esprits nés à la tyrannie,
Ennuyés de couver leur cruelle manie,
Tourner tous leurs conseils à notre affliction[4] :
Et lisons clairement dedans leur conscience,
Que s'ils tiennent la bride à leur impatience,
30 Nous n'en sommes tenus qu'à sa protection.

Qu'il vive donc, Seigneur, et qu'il nous fasse vivre :
Que de toutes ces peurs nos âmes il délivre :
Et rendant l'univers de son heur[5] étonné,
Ajoute chaque jour quelque nouvelle marque

---

1. La honte.
2. Avec.
3. Protecteur.
4. Notre peine.
5. De son bonheur.

35   Au nom qu'il s'est acquis du plus rare monarque,
Que ta bonté propice ait jamais couronné.

Cependant son Dauphin[1] d'une vitesse prompte
Des ans de sa jeunesse accomplira le compte :
Et suivant de l'honneur les aimables appas[2],
40   De faits si renommés ourdira[3] son histoire,
Que ceux qui dedans l'ombre éternellement noire,
Ignorent le Soleil, ne l'ignoreront pas.

Par sa fatale main qui vengera nos pertes,
L'Espagne pleurera ses provinces désertes,
45   Ses châteaux abattus, et ses champs déconfits[4],
Et si de nos discors[5] l'infâme vitupère[6],
A pu la dérober aux victoires du Père,
Nous la verrons captive aux triomphes du Fils.

Le Parnasse des plus excellents poètes de ce temps, 1607,
« Prière pour le roi allant en Limousin », vers 79 à 126.

Guide de lecture

1. Vous montrerez que le poème est construit sur une opposition entre les malheurs passés et le bonheur présent et à venir.

2. Quelles sont, selon Malherbe, les caractéristiques du bon roi ?

3. Quelles demandes Malherbe adresse-t-il à Dieu ?

---

1. Le futur Louis XIII, alors âgé de quatre ans.
2. Attraits.
3. Tissera.
4. Détruits.
5. Discordes.
6. Blâme, honte.

Les Délices de la poésie française (1620). Le texte suivant, extrait des *Délices*, est un poème de circonstance composé en 1609 par Malherbe à l'occasion du retour de Charlotte de Montmorency, désignée sous le nom d'Oranthe, à Fontainebleau où séjournait Henri IV, appelé ici Alcandre. Henri IV, amoureux de Charlotte de Montmorency, a dû, avec tristesse, se séparer de celle qu'il aime à la suite de son mariage avec le prince de Condé. C'est donc avec joie qu'il accueille, de nouveau, la jeune femme dans son château. Malherbe se fait l'interprète du roi, tout en sachant exprimer ses sentiments personnels de respect et d'admiration.

Pour Alcandre au retour d'Oranthe à Fontainebleau

Revenez mes plaisirs, Madame est revenue :
Et les vœux que j'ai faits pour revoir ses beaux
[yeux,
Rendant par mes soupirs ma douleur reconnue,
Ont eu grâce des cieux.

5 Les voici de retour ces astres[1] adorables
Où prend mon océan son flux et son reflux :
Soucis retirez-vous, cherchez les misérables :
Je ne vous connais plus.

---

1. Ces yeux.

Peut-on voir ce miracle, où le soin de Nature
10 A semé comme fleurs tant d'aimables appas[1],
Et ne confesser point qu'il n'est pire aventure
      Que de ne la voir pas ?

Certes l'autre soleil d'une erreur[2] vagabonde
Court inutilement par ses douze maisons[3] :
15 C'est elle, et non pas lui, qui fait sentir au monde
      Le change[4] des saisons.

Avecque sa beauté toutes beautés arrivent :
Ces déserts sont jardins de l'un à l'autre bout :
Tant l'extrême pouvoir des grâces qui la suivent
20   Les pénètre partout.

Ces bois en ont repris leur verdure nouvelle :
L'orage en est cessé, l'air en est éclairci :
Et même ces canaux ont leur course plus belle
      Depuis qu'elle est ici.

25 De moi, que les respects obligent au silence,
J'ai beau me contrefaire[5], et beau dissimuler :
Les douceurs où je nage ont une violence
      Qui ne se peut celer[6].

---

1. Charmes.
2. D'une errance.
3. Les signes du zodiaque.
4. Le changement.
5. Chercher à apparaître différent.
6. Cacher.

Mais, ô rigueur du sort, tandis que je m'arrête
30   À chatouiller mon âme en ce contentement,
Je ne m'aperçois pas que le destin m'apprête
        Un autre partement[1].

Arrière ces pensers que la crainte m'envoie :
Je ne sais que trop bien l'inconstance du sort :
35   Mais de m'ôter le goût d'une si chère joie,
        C'est me donner la mort.

LES DÉLICES DE LA POÉSIE FRANÇAISE, *1620*,
« *Pour Alcandre au retour d'Oranthe à Fontainebleau* ».

---

1. Départ.

Guide de lecture
....

1. Vous montrerez que Malherbe exprime, à la fois, les sentiments du roi et sa propre admiration.

2. Vous relèverez les changements que la beauté de la jeune femme suscitent dans la nature et chez l'être humain.

3. Sur quoi porte l'effet de rupture des deux dernières strophes ?

Le sonnet qui suit fait partie des *Heures de Caliste*, ensemble de poèmes que Malherbe écrivit en 1617 pour la vicomtesse d'Auchy, dont il était l'amoureux éconduit. Le sonnet constitue une forme poétique très pratiquée au cours de cette période. Il se compose de deux quatrains (strophes de quatre vers) et de deux tercets (strophes de trois vers). Le système de rimes est imposé : il répond, pour les quatrains, aux schémas ABBA ou ABAB et, pour les tercets, aux schémas CCD EDE ou CCD EED. Il s'achève sur une pointe, notation inattendue et piquante contenue dans le dernier ou les deux derniers vers. Malherbe reprend, par ailleurs, une tradition en honneur au XVIe siècle, celle du blason du corps féminin, qui consiste à en décrire, de façon élogieuse, les différentes parties.

Sonnet à Caliste

Il n'est rien de si beau comme Caliste est belle :
C'est un œuvre[1] où Nature a fait tous ses efforts :
Et notre âge[2] est ingrat qui voit tant de trésors,
S'il n'élève à sa gloire une marque éternelle.

5 La clarté de son teint n'est pas chose mortelle :
Le baume[3] est dans sa bouche, et les roses dehors :
Sa parole et sa voix ressuscitent les morts,
Et l'art n'égale point sa douceur naturelle.

La blancheur de sa gorge éblouit les regards :
10 Amour est en ses yeux, il y trempe ses dards[4],
Et la fait reconnaître[5] un miracle visible.

---

1. Nom masculin ou féminin à l'époque.
2. Notre époque.
3. Résine dégageant une odeur agréable.
4. Ses flèches.
5. Et montre qu'elle est.

En ce nombre infini de grâces, et d'appas[1],
Qu'en dis-tu ma raison ? crois-tu qu'il soit possible
D'avoir du jugement, et ne l'adorer pas ?

Les Délices de la poésie française, *1620,*
« *Sonnet à Caliste* ».

Guide de lecture

1. **Vous relèverez les éléments qui, d'après Malherbe, font de Caliste un être parfait.**

2. **Quels schémas de rimes Malherbe utilise-t-il dans ce sonnet ?**

3. **Où se trouve la pointe ? Sur quelle idée repose-t-elle ?**

---

1. Charmes.

THÉOPHILE DE VIAU

(1590-1626)

UN POÈTE LIBERTIN. Théophile de Viau fut, toute sa vie, persécuté pour ses idées libertines qui lui faisaient rejeter la religion, à une époque où elle s'imposait sans partage. En 1619, on lui reproche d'avoir écrit des vers impies, et il est contraint à l'exil. Il est condamné au bûcher en 1623 et ne doit son salut qu'à la protection du duc de Montmorency, le puissant maréchal de France. En 1625, il est, à nouveau, arrêté, puis condamné au bannissement perpétuel et, une nouvelle fois, il trouve refuge chez le duc de Montmorency auprès duquel il mourra.

Malgré cette vie agitée, il connaît des succès littéraires. Son œuvre poétique, publiée à partir de 1621, lui assure, de son vivant, la consécration. Sa tragédie, *Pyrame et Thisbé* remporte un véritable triomphe lors de sa création en 1621.

ŒUVRES POÉTIQUES (1621-1632). Le texte qui suit est extrait de l'« Ode à Perside ». Théophile de Viau respecte l'esprit du genre de l'ode, poème lyrique divisé en strophes et destiné à célébrer un événement ou une personne : il loue conjointement Perside, la femme qu'il aime, et la nature, dont la beauté est en harmonie avec la beauté de l'être aimé. Il exprime ainsi toute sa sensibilité baroque, en vibrant au spectacle de la richesse et de la complexité du monde.

« La Nature est inimitable »

Perside, je me sens heureux
De ma nouvelle servitude,
Vous n'avez point d'ingratitude
Qui rebute un cœur amoureux.
5　Il est bien vrai que je me fâche
Du fard où votre teint se cache.
Nature a mis tout son crédit[1]
À vous faire entièrement belle,
L'art qui pense mieux faire qu'elle
10　Me déplaît et vous enlaidit.

L'éclat, la force et la peinture[2]
De tant de si belles fleurs
Que l'Aurore avecques[3] ses pleurs
Tire du sein de la nature,
15　Sans fard et sans déguisement
Nous donne bien plus aisément
Le plaisir d'une odeur naïve[4],
Leur objet nous contente mieux
Et se montre devant nos yeux
20　Avec une couleur plus vive.

Les oiseaux qui sont si bien teints
Ne couvrent point d'une autre image

---

1. Tout son pouvoir.
2. La couleur.
3. Avec.
4. Naturelle.

Le lustre[1] d'un si beau plumage
Dont la nature les a peints,
25 Et leur céleste mélodie,
Plus aimable qu'en Arcadie
N'étaient les flageolets des dieux[2],
Prend elle-même ses mesures,
Choisit les tons, fait les césures[3]
30 Mieux que l'art le plus curieux[4].

L'eau de sa naturelle source
Trouve assez de canaux ouverts
Pour traîner par des plis divers
La facilité de sa course.
35 Ses rivages sont verdissants,
Où des arbrisseaux fleurissants
Ont toujours la racine fraîche.
L'herbe y croît jusqu'à leur gravier,
Mais une herbe que le bouvier
40 N'apporta jamais à sa crèche.

Ces petits cailloux bigarrés
En des diversités si belles,
Où trouveraient-ils des modèles
Qui les fissent mieux figurés[5] ?
45 La Nature est inimitable

---

1. L'éclat.
2. La flûte dont jouait le dieu Pan en Arcadie, région de la Grèce située dans le Péloponnèse.
3. Cadences.
4. Attentif.
5. Façonnés.

Et dans sa beauté véritable
Elle éclate si vivement
Que l'art gâte tous ses ouvrages,
Et lui fait plutôt mille outrages
50   Qu'il ne lui donne un ornement.

Œuvres poétiques, *1623,*
« Ode à Perside », partie II, v. 1 à 50.

Guide de lecture

1. Vous repérerez les éléments qui décrivent la nature et montrerez qu'elle est présentée dans toute sa richesse et toute sa diversité.

2. Comment Théophile de Viau oppose-t-il la nature et l'art ?

3. En quoi la femme aimée (strophe I) peut-elle être rapprochée de la nature ?

PYRAME ET THISBÉ (1621).   Deux obstacles s'opposent à l'amour de Pyrame et de Thisbé. D'une part, leurs familles, qui se haïssent, ne veulent pas entendre parler de mariage. D'autre part, le roi est lui-même épris de la jeune fille et veut utiliser la force pour satisfaire ses désirs. Les deux jeunes amoureux décident alors de fuir et se donnent rendez-vous en dehors de la ville. Pyrame arrive le premier et, à la vue de traces de sang, il pense que Thisbé a été dévorée par un lion et se suicide. La jeune fille se tuera ensuite sur le corps de Pyrame. Dans ce passage, situé à la scène I de l'acte IV de la tragédie, Pyrame et Thisbé prennent la décision de quitter la ville et s'affirment mutuellement leur amour.

« Je doutais que l'on pût aimer si constamment »

PYRAME

Tu vois en quel danger notre fortune est mise,
Que même la clarté ne nous est pas permise.
Enfin, ne veux-tu point forcer cette prison ?
Ici l'impatience est jointe à la raison.
5   Le tyran qui déjà fait éclater sa rage
Afin de l'assouvir mettra tout en usage [1],
Et possible devant [2] que le flambeau du jour
Ne fasse voir demain ses coursiers de retour [3],
Nous saurions ce que peut une fureur unie
10   Avec l'autorité d'une force impunie.

THISBÉ

Le conseil [4] en est pris : sans attendre à demain
Il faut résolument s'affranchir de sa main.
Je serai bienheureuse ayant de la Fortune,
Et disgrâce, et faveur, avecque toi commune,
15   Lorsque je n'aurai plus d'espions à flatter,
Que je n'aurai parents ni mère à redouter,
Et qu'Amour ennuyé de se montrer barbare
Ne nous donnera plus de mur qui nous sépare,
Que sans empêchements nos yeux pourront passer
20   Partout où sont venus la voix et le penser.

---

1. Tout en œuvre.
2. Et il est possible qu'avant.
3. Avant que le jour se lève.
4. La décision.

Lors[1] d'un parfait plaisir entre tes bras comblée,
Mon âme du tyran ne sera plus troublée,
Lors je n'aurai personne à respecter que toi.

PYRAME

Lors tu n'auras personne à commander que moi ;
25   Dessus mes volontés la tienne souveraine
Te donnera toujours la qualité de reine.
Thisbé, je jure ici la grâce de tes yeux[2],
Serment qui m'est plus cher que de jurer les dieux,
Que ton affection aujourd'hui me transporte,
30   Je ne la croyais pas être du tout si forte,
Je doutais que l'on pût aimer si constamment[3],
Et que tant d'amitié fût pour moi seulement,
Que des objets plus beaux...

THISBÉ

N'achève point, Pyrame,
Un si mauvais soupçon ; tu blesserais mon âme.
35   Autre objet que le tien ? C'est me désobliger,
Mon cœur, et quel plaisir prends-tu de m'affliger ?

PYRAME ET THISBÉ, *1621,*
acte IV, scène première.

Guide de lecture
••

1. **Comment l'amour
s'exprime-t-il dans ce
passage ?**
2. **Quels traits de
caractère les paroles de
Pyrame et de Thisbé**

montrent-elles ?
3. **Vous relèverez les
termes qui manifestent
les abus de pouvoir du
roi et des parents.**

---

1. Alors.
2. Par la grâce de tes yeux.
3. Avec autant de constance.

MATHURIN RÉGNIER

(1573-1613)

L'ESPRIT SATIRIQUE. Mathurin Régnier est un homme d'Église. Mais ce chanoine est loin d'avoir une vie édifiante : il est attiré par les plaisirs de l'existence, ceux de la table et ceux de l'amour. Il est l'un des piliers du cabaret parisien de la Pomme de Pin, quartier général des poètes satiriques dont il fait partie. C'est un observateur qui scrute, épie, saisit les moindres détails de la personnalité de ses contemporains, démonte leurs moindres gestes. Dans ses satires, il peint les ridicules, les vices, épingle les contradictions de l'homme, mais sans tristesse ni morosité : plutôt que d'amener son lecteur à déplorer les imperfections humaines, il l'incite à en rire.

SATIRES (1608-1613). Dans la « Satire VIII », Régnier fait ce portrait amusant d'un jeune homme à la mode, satisfait de lui-même, convaincu qu'il est le centre du monde, assuré de sa prestance et de sa séduction, bien décidé à accaparer la conversation et les jolies femmes.

« Suis-je pas bien chaussé, ma jambe est-elle belle ? »

J'étais chez une dame, en qui, si la satire
Permettait en ces vers que je le puisse dire,

Reluit, environné de la divinité[1],
Un esprit aussi grand que grande est sa beauté.

5   Ce fanfaron chez elle eut de moi connaissance[2]
Et ne fut de parler jamais en ma puissance[3],
Lui voyant ce jour-là son chapeau de velours,
Rire d'un fâcheux conte et faire un faux discours,
Bien qu'il m'eût, à l'abord[4], doucement fait
                              [entendre
10   Qu'il était mon valet, à vendre et à dépendre[5] ;
Et détournant les yeux : « Belle, à ce que j'entends,
Comment, vous gouvernez les beaux esprits
                              [du temps ? »
Et faisant le doucet[6] de parole et de geste,
Il se met sur un lit, lui disant : « Je proteste
15   Que je me meurs d'amour, quand je suis près
                              [de vous ;
Je vous aime si fort que j'en suis tout jaloux. »
Puis rechangeant de note, il montre sa rotonde[7] :
« Cet ouvrage est-il beau ? Que vous semble
                              [du monde ?
L'homme que vous savez m'a dit qu'il n'aime rien ;
20   Madame, à votre avis, ce jourd'hui[8] suis-je bien,
Suis-je pas bien chaussé, ma jambe est-elle belle ?

---

1. Entouré de grâce divine.
2. Fit ma connaissance.
3. Je n'eus jamais la possibilité de parler.
4. En m'abordant, au début.
5. Que je pouvais vendre et qui dépendait de moi.
6. En se faisant tout doux.
7. Col empesé, de forme évasée.
8. Aujourd'hui.

Voyez ce taffetas, la mode en est nouvelle,
C'est œuvre de la Chine. À propos, on m'a dit
Que contre les clinquants le Roi fait un édit[1]. »
25 Sur le coude il se met, trois boutons se délace :
« Madame, baisez-moi, n'ai-je pas bonne grâce ?
Que vous êtes fâcheuse[2] : à la fin on verra,
Rosette, le premier qui s'en repentira[3]. »
  D'assez d'autres propos il me rompit la tête ;
30 Voilà quand et comment je connus cette bête,
Te jurant, mon ami, que je quittai ce lieu
Sans demander son nom et sans lui dire adieu.

SATIRE VIII, *1608,*
v. 49 à 80.

Guide de lecture

1. Comment se manifestent la suffisance et l'impolitesse du jeune homme ?

2. Vous montrerez en quoi ce jeune homme exprime son amour avec un excès ridicule.

3. Vous étudierez l'humour de Mathurin Régnier.

---

1. Allusion à un édit royal pris en 1606 pour limiter la somptuosité des vêtements.

2. Contrariante, désagréable.

3. Allusion à une célèbre chanson de l'époque.

CHARLES SOREL *(1602-1674)*

UN REGARD LUCIDE. La vie de Charles Sorel est celle d'un écrivain sans fortune, contraint, pour survivre, d'assurer les fonctions de secrétaire auprès de protecteurs successifs. Il n'en est pas moins attaché à sa liberté, comme le montre la perte de la charge d'historiographe du roi : chargé de noter toutes les actions du souverain et d'en faire l'éloge, il est, en 1663, privé de cet emploi parce qu'il ne sait pas faire preuve de suffisamment de souplesse d'esprit.

HISTOIRE COMIQUE DE FRANCION (1623). C'est l'œuvre principale de Sorel, qu'il écrit en 1623 à l'âge de vingt et un ans. Dans ce roman qui raconte les expériences et les aventures d'un jeune homme pauvre, Sorel porte un regard lucide et sans concession sur la société de son époque, dont il décrit notamment les milieux marginaux avec un grand réalisme (petits escrocs, filles légères...).

À la fois roman satirique, roman d'apprentissage, roman picaresque inspiré du *Don Quichotte* de l'Espagnol Cervantès, cette œuvre est considérée comme le premier chef d'œuvre du genre des « histoires comiques ».

Le livre VIII de l'*Histoire comique* de Francion brosse un tableau particulièrement pittoresque et exploite un thème comique fréquent dans la farce et dans le roman réaliste : les déboires conjugaux. Ici, un malheureux tavernier évoque en termes burlesques ses démêlés avec son épouse, une maîtresse femme.

« Voyez comme elle est effrontée »

Monsieur, il peut y avoir trois ans que je me
mariai à cette diablesse que vous voyez : il
eût mieux valu pour moi que je me fusse précipité
dans la rivière ; car, depuis que je suis avec elle, je
n'ai pas eu un moment de repos : elle me fait ordinairement des querelles sur la pointe d'une aiguille [1],
et crie si fort, qu'une fois, n'osant sortir dans la rue,
à cause d'une grosse pluie qui tombait, je fus
contraint de boucher mes oreilles avec des bos-
settes [2] et je ne sais quel bandage que je mis à l'entour de ma tête, afin qu'au moins je ne l'entendisse
point, puisqu'il me fallait demeurer là. Aussitôt, elle
reconnut ma finesse et, voulant que j'ouïsse les injures qu'elle me disait, elle se jeta dessus ma fripe-
rie [3] et n'eut point de cesse qu'elle ne m'eût
désembéguiné [4] ; puis, approchant sa bouche de mes
oreilles, elle cria dedans si fort que, huit jours après,
j'en demeurai tout hébété. Mais tout ceci n'est que
jeu. Voyez comme elle est effrontée. Elle me vit une
fois parler à une jeune fille de ce village ; aussitôt,
elle songe à la malice et, prenant le soir un couteau
en se couchant, elle dit que par la merci Dieu elle me
voulait châtrer, pour m'empêcher d'aller faire des
enfants à d'autres qu'elle. À cette heure-là, j'étais en

---

1. Pour un rien.
2. Éléments de tissu ayant la forme de petites bosses.
3. Vieux linges.
4. Qu'elle ne m'eût enlevé l'étoffe en forme de béguin, de coiffe mise sur les oreilles.

25 une humeur fort douce et fort patiente. « Ne faites
rien, ma mie[1], en votre premier mouvement, lui
dis-je avec un souris[2], vous vous en repentiriez
après. » « Ne te soucie point, vilain, me dit-elle, je
n'ai que faire de toi, je ne chômerai point d'homme,
30 j'en trouverai assez d'autres plus vigoureux. » Dites-
moi, monsieur, si vous ouïtes jamais parler d'une
telle impudence ? Cependant je le souffris sans la
frapper, et je pense que, si sa colère ne se fût point
apaisée, j'eusse aussi enduré qu'elle m'eût rendu eu-
35 nuque. La menace qu'elle m'avait plusieurs fois faite
de prendre un ami fut exécutée : elle choisit ce jeune
galoureau-ci[3] pour la servir à couvert[4].

HISTOIRE COMIQUE DE FRANCION, *1623,*
livre VIII.

Guide de lecture
....

**1. Vous relèverez et
commenterez tous les
détails de la vie quoti-
dienne contenus dans
ce texte.
2. En quoi le person-
nage du tavernier est-il
comique ?**

**3. Sorel essaie-t-il de
rendre l'épouse
odieuse ? Justifiez votre
réponse.**

_____

1. Mon amie.
2. Avec un sourire.
3. Godelureau, jeune galant, freluquet.
4. En secret.

HONORÉ D'URFÉ *(1567-1625)*

UN ESPRIT ROMANESQUE. La vie d'Honoré d'Urfé est aussi romanesque que son œuvre, *l'Astrée*. Après une enfance champêtre dans le Forez, région du Massif central où se déroule son roman, il mène une existence agitée. En 1590, il s'engage dans la Ligue, organisation de catholiques extrémistes qui combat le pouvoir royal, alors accusé de s'être rapproché des protestants. Il sert ensuite le duc de Savoie, pour rejoindre finalement Henri IV et mourir d'une pneumonie au cours de la guerre contre l'Espagne et Gênes. Sa vie sentimentale est tout aussi troublée : amoureux, à dix-sept ans, de sa belle-sœur, il l'épouse seize ans plus tard après l'annulation du mariage de son frère et la quitte au bout de treize ans de vie commune.

L'ASTRÉE (1607-1627). *L'Astrée*, œuvre de plus de cinq mille pages, en cinq parties, est un roman pastoral, genre apparu dès la seconde moitié du xvie siècle et qui a pour héros des pasteurs, des bergers. Honoré d'Urfé y conte les difficultés amoureuses de la bergère Astrée et du berger Céladon sur un fond d'aventures et de guerres. Les personnages représentés sont censés vivre au vie siècle, à l'époque des druides, dans la région du Forez au centre de la France, mais reflètent, en fait, les préoccupations amoureuses et guerrières des gens de la cour en ce début du xviie siècle.

Le livre VIII de la troisième partie de *l'Astrée* est consacré aux amours contrariées de deux personnages secondaires, Chryséide et Arimant. Les deux amoureux fuient le roi Gondebaut qui est épris de la jeune fille. Il la retrouve et, malgré ses supplications, est bien décidé à user de son pouvoir et à l'enlever.

« Chasse d'amour »

L e roi, oyant[1] ces libres paroles de Chryséide, et l'amour qu'il lui portait ne voulant consentir qu'il fît ce qu'il connaissait être du devoir de chevalier, il lui répondit : « Si quelqu'un vous voulait faire
5 outrage, j'y mettrais ma couronne et ma vie pour vous en empêcher, mais en ceci tant s'en faut que je vous retienne pour votre mal qu'au contraire je prétends que ce soit à votre avantage et de tous les vôtres[2]. » Elle voulait répliquer, mais le roi qui était
10 plein de contentement d'une si heureuse rencontre et qui ne voulait point entrer plus avant en ce discours, la prenant par les rênes de son cheval, la conduisit jusqu'au grand chemin, où, ayant repris son cheval, il retourna à même temps[3] à Lyon, plus
15 content de cette prise qu'il n'avait été de toutes ses victoires passées. Et parce qu'il l'avait faite[4] à la chasse, et qu'il en était plus amoureux qu'il n'avait

---

1. Entendant.
2. Et à l'avantage de tous vos proches.
3. Aussitôt.
4. Parce qu'il avait fait cette prise.

jamais été, il en fit de tels vers que depuis il faisait souvent chanter par ceux de sa musique[1].

20

Madrigal[2]
Chasse d'Amour

Je m'en vais nuit et jour
À la chasse d'Amour ;
25 Mais chasse bien étrange
Qui me déçoit et change
En ce que je poursuis !
Puisqu'ayant bien chassé, l'Amour veut que je sois
Blessé, non le blesseur, chasseur, non, mais la
[proie.

L'ASTRÉE, *1607-1627,*
partie III, livre VIII.

Guide de lecture

....

1. Vous noterez l'opposition entre le comportement raffiné du roi et l'abus de pouvoir auquel il se livre.

2. Comment l'intensité de son amour se manifeste-t-elle ?

3. Vous montrerez que le madrigal est construit sur un jeu d'opposition.

---

1. Les musiciens.
2. Court poème exprimant une pensée amoureuse de façon ingénieuse.

Le baroque

L e baroque naît en Italie durant la seconde moitié du XVIᵉ siècle, principalement suscité par la Contre-Réforme catholique qui, pour combattre le mouvement protestant, favorise une expression artistique marquée par la somptuosité et la pompe. Il s'épanouit en France durant la première partie du XVIIᵉ siècle, avant d'être submergé par le classicisme. Art du mouvement, de la vie et des contrastes, il est étroitement lié à cette période troublée que connaît alors le pays.

Un art
du mouvement et des apparences

L' agitation permanente qui caractérise cette époque explique l'affirmation d'une des idées-forces du baroque : le monde se construit sous les yeux de l'homme : rien n'est figé. Le mouvement est roi ; il se déchaîne, par exemple, dans les récits de combats de *l'Astrée,* d'Honoré d'Urfé (voir p. 47). Puisqu'il est séduit par le mouvement, l'artiste baroque est tout naturellement attiré par l'eau, image même du changement, ou par le feu aux formes éphémères. Ces deux éléments inspirent les poètes et sont également utilisés dans les spectacles de cour, sous la forme des jeux d'eau et des feux d'artifice.

Si la nature occupe une place essentielle dans les œuvres baroques, c'est parce que ses modifications sont les signes palpables de la transformation incessante du monde : c'est dans cet esprit que le poète Théophile de Viau exalte les charmes de la campagne (voir p. 35).

La perception de ces changements développe un sens aigu de la complexité. Pour définir une réalité, il faut tenir compte de tout ce qui en fait la diversité : François de Sales ne s'en tient pas à l'esprit de l'homme, mais se préoccupe également de son corps (voir p. 21). Pour l'écrivain, la réalité n'est pas simple : chacun possède sa vérité, et ne pas condamner celle des autres évite de tomber dans l'intolérance.

Dans ce monde ouvert, l'homme ne suit pas de voies toutes tracées, il n'est pas soumis à des lois intangibles. Il peut donc lutter, avec une chance de succès, contre les forces hostiles qu'il est amené à affronter. Il est capable de transformer le monde. L'irréversible n'existe pas, le hasard offre sans cesse des chances nouvelles. Les héros des tragi-comédies ne sont pas soumis à une fatalité qui les dépasse, mais sont, au contraire, maîtres de leur choix : dans *le Cid,* de Corneille, Rodrigue peut choisir, en connaissance de cause, entre l'honneur de sa famille et son amour pour Chimène (voir p. 114).

Ouvert sur l'extérieur, l'homme de sensibilité baroque exerce sa curiosité sur tout ce qui l'entoure. Les héros des romans de l'époque lui ressemblent : confrontés à une multiplicité d'événements, ils fréquentent les lieux et les êtres les plus divers (voir p. 44). De la même manière, le sentiment amoureux n'est jamais suffisamment exclusif pour enfermer celui qui l'éprouve dans une passion sans retour : on est souvent désespéré, mais on meurt rarement d'amour. C'est que le baroque ne croit pas en l'existence de l'absolu ici-bas. Il pense que tout est apparence. Même la mort n'est qu'une étape dans l'incessante transformation de la matière (voir p. 99).

Amoureux de la vie, l'homme baroque est attiré par les mille détails qui font la saveur des choses. Il a le goût du lyrisme, qui lui permet d'exprimer avec force ses sensations, son individualité (voir p. 30). Il n'en délaisse pas pour autant le réalisme, qu'il développe, comme Mathurin Régnier, pour peindre les vices et les ridicules de ses contemporains (voir p. 41), ou comme Charles Sorel, pour décrire le quotidien (voir p. 44).

Le triomphe
de la diversité et de la liberté

Les baroques ont un sens aigu de la diversité. Ils considèrent que le monde est formé d'une multiplicité d'éléments. À l'opposition, ils préfèrent la complémentarité. Comme les jésuites (voir p. 318) et les libertins (voir p. 319), ils pensent qu'il n'existe pas de bien ni de mal absolu, mais toute une série d'intermédiaires entre les qualités et les défauts. C'est au nom de la diversité qu'ils sont partisans de la modernité : les créateurs entendent adapter leur art à leur époque et refusent les servitudes de la tradition.

L'irrégularité est une autre constante qui définit le courant baroque. Les écrivains baroques refusent de plier leur écriture à des règles strictes. Ainsi les auteurs dramatiques construisent un théâtre éclaté, caractérisé par la dilatation de l'action, du temps et du lieu (voir p. 38). De façon comparable, les burlesques refusent de s'enfermer à l'intérieur de la hiérarchie des genres et mêlent intimement le sublime et le grotesque. Il s'agit là d'une revendication exigeante de la liberté de création, d'un rejet de l'académisme sclérosant, au nom de la nécessité du renouvellement et des valeurs de l'imagination.

Une expression somptueuse et complexe

Les baroques ont su forger une expression en harmonie avec leur conception du monde. Ils ont le goût des grandes envolées. Ils aiment les rapprochements, pratiquent les comparaisons, les images (voir « Définitions », en fin de volume). Pour Malherbe, par exemple, la mort est évoquée concrètement par « la poussière funeste » et par « les vers du cercueil » (*Consolation à monsieur du Périer*, p. 24), tandis que la prospérité retrouvée est résumée dans deux formules saisissantes : « La moisson de nos champs lassera les faucilles » ; « Et les fruits passeront la promesse des fleurs » (*Prière pour le roi allant en Limousin*, p. 27). Dans un autre registre, Sorel utilise une expression savoureuse (« je ne chômerai point d'homme ») pour faire dire à la femme du tavernier qu'elle ne manquera pas d'amants (*Histoire comique de Francion*, p. 45).

Les baroques pratiquent une expression sensuelle, apte à rendre compte de la saveur de la vie. Ils déchaînent leur imagination, utilisent volontiers l'hyperbole (voir « Définitions », en fin de volume) pour exprimer l'intensité de leurs sentiments (voir p. 33).

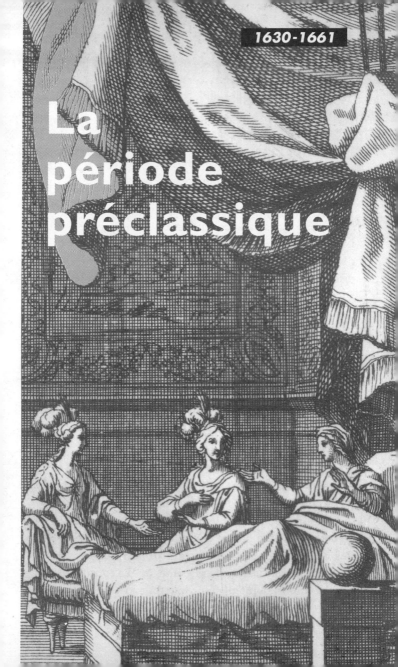

La période préclassique

Une période de transition

Un retour progressif à l'ordre

Ce qu'on appelle la période préclassique correspond à la seconde partie du règne de Louis XIII (1630-1643) et à la régence d'Anne d'Autriche (1643-1661), qui assure l'interrègne jusqu'à la majorité du futur Louis XIV, seulement âgé de cinq ans à la mort de son père. Le temps des désordres n'est pas encore achevé. Les complots continuent à se multiplier et sont réprimés dans le sang : en 1632, le duc de Montmorency est décapité pour sa participation à la rébellion du frère de Louis XIII, Gaston d'Orléans ; en 1642, Cinq-Mars et de Thou sont exécutés pour avoir comploté contre Richelieu.

La mort de Richelieu en 1642 et l'arrivée au pouvoir de Mazarin, très vite impopulaire, sont à l'origine du réveil des troubles civils, avec les événements de la Fronde (1648-1652), qui voient les parlements bourgeois et la haute noblesse se soulever, tour à tour, contre le pouvoir. L'achèvement de cette véritable guerre civile marque la défaite des contestataires et la victoire de la royauté. L'autorité royale ne fera, par la suite, que se consolider et imposera rapidement le retour à l'ordre.

Le conflit entre la raison et l'imagination

Dans le domaine politique, cette période apparaît donc comme une période de transition. Parallèlement, la littérature abandonne peu à peu l'écriture baroque qui l'avait tant marquée durant la première partie du XVIIe siècle. Cette évolution prend souvent la forme d'un conflit entre la raison, sur laquelle se construira le classicisme, et l'imagination, valeur privilégiée du baroque. Cette affirmation progressive de la raison est particulièrement sensible dans la littérature d'idées, qui se consacre à la recherche de la vérité. Descartes (1596-1650) et Pascal (1623-1662) mettent ainsi au point, chacun à leur manière, des méthodes de pensée et d'analyse. Dans un autre domaine, de nombreux écrivains, comme Guez de Balzac (1595-1654), s'appliquent à simplifier et à ordonner une langue française par trop luxuriante et imprécise, à établir les règles du bien dire et du bien écrire.

Cependant, la fantaisie et l'imagination continuent de régner dans le roman et dans la poésie. Elles prennent place dans deux grands courants qui marquent cette période : la préciosité et le burlesque. La préciosité, née dans les salons, en particulier dans ceux de la marquise de Rambouillet et de Madeleine de Scudéry, se construit en réaction contre la grossièreté des mœurs et impose une expression raffinée, toute tournée vers l'évocation des valeurs de l'esprit. La romancière Madeleine de Scudéry (1607-1701), ainsi que les poètes Vincent Voiture (1597-1648) et Tristan l'Hermite (1601-1655), en sont les principaux représentants.

À l'opposé, le burlesque, où se distinguent Saint-Amant (1594-1661), Scarron (1610-1660) et Cyrano de Bergerac (1619-1655), préfère le réalisme, s'intéresse au quotidien et accorde une place essentielle au corps, au détriment de l'esprit.

La place charnière occupée par cette période (entre baroque et classicisme) est particulièrement mise en évidence par l'évolution que connaît alors le théâtre. La fantaisie et la complexité de l'intrigue s'y font encore sentir. Mais les outrances du début du XVIIe siècle tendent à s'atténuer. Le théâtre baroque, irrégulier, c'est-à-dire favorable à une grande liberté de création, fait peu à peu place à un théâtre classique, régulier, dont la construction obéit à des règles précises. Ce passage progressif est notamment illustré par les œuvres de Mairet (1604-1686) et surtout de Corneille (1606-1684).

DESCARTES *(1596-1650)*

....

LA PENSÉE RATIONNELLE. Épris de liberté, René Descartes est, à la fois, un homme d'action et un homme de réflexion. Durant toute sa vie, il ne cesse de parcourir l'Europe, sans cesse attiré par les rencontres et les expériences. Dans le même temps, il élabore une méthode d'analyse scientifique que l'on appellera le cartésianisme et qui exercera une influence considérable sur la pensée occidentale.

Soucieux de conserver son indépendance, il quitte la France en 1628, pour s'installer aux Pays-Bas, qu'il pense plus propices à la liberté d'expression. Il écrit là ses deux œuvres majeures, le *Discours de la méthode* (1637) et les *Méditations métaphysiques* (1641). Puis, rebuté par les difficultés que lui font les autorités protestantes locales, il est accueilli par la reine Christine de Suède, grand amateur de sciences et de philosophie.

C'est à sa cour qu'il mourra d'une pneumonie, à l'âge de cinquante-quatre ans.

DISCOURS DE LA MÉTHODE (1637). Dans ce traité, Descartes expose, en détail, les règles de la réflexion scientifique : elle doit être logique et cohérente, éviter toute idée préconçue. Dans cette perspective, le doute méthodique constitue la première étape de cette démarche. Il faut faire table rase, éliminer toute croyance préalable, tout nier ; mais, cette négation même étant une pensée, l'existence de la pensée est établie. À travers cette certitude première, on peut

donc affirmer que l'on existe, selon la formule devenue
célèbre : « je pense, donc je suis ».

« Je pense, donc je suis »

[...] considérant que toutes les mêmes pensées, que
nous avons étant éveillés, nous peuvent aussi venir,
quand nous dormons, sans qu'il y en ait aucune,
pour lors, qui soit vraie, je me résolus de feindre que
5   toutes les choses qui m'étaient jamais entrées en
l'esprit n'étaient non plus vraies[1] que les illusions de
mes songes. Mais, aussitôt après, je pris garde que,
pendant que je voulais ainsi penser que tout était
faux, il fallait nécessairement que moi, qui le pen-
10   sais, fusse quelque chose. Et remarquant que cette
vérité : *je pense, donc je suis,* était si ferme et si assu-
rée, que toutes les plus extravagantes suppositions
des sceptiques[2] n'étaient pas capables de l'ébranler,
je jugeai que je pouvais la recevoir[3], sans scrupule,
15   pour le premier principe de la philosophie, que je
cherchais.

Puis, examinant avec attention ce que j'étais, et
voyant que je pouvais feindre que je n'avais aucun
corps, et qu'il n'y avait aucun monde, ni aucun lieu
20   où je fusse ; mais que je ne pouvais pas feindre, pour
cela, que je n'étais point ; et qu'au contraire, de cela

---

1. Pas plus vraies.
2. Philosophes qui doutent de tout, qui nient tout.
3. L'accepter.

même que je pensais à douter de la vérité des autres choses, il suivait[1] très évidemment et très certainement que j'étais ; au lieu que, si j'eusse seulement cessé de penser, encore que tout le reste de ce que j'avais jamais imaginé eût été vrai, je n'avais aucune raison de croire que j'eusse été : je connus de là que j'étais une substance[2] dont toute l'essence[3] ou la nature n'est que de penser, et qui, pour être, n'a besoin d'aucun lieu, ni ne dépend d'aucune chose matérielle. En sorte que ce moi, c'est-à-dire l'âme par laquelle je suis ce que je suis, est entièrement distincte du corps, et même qu'elle est plus aisée à connaître que lui, et qu'encore qu'il ne fût point, elle ne laisserait pas[4] d'être tout ce qu'elle est.

Après cela, je considérai en général ce qui est requis à une[5] proposition pour être vraie et certaine ; car, puisque je venais d'en trouver une que je savais être telle, je pensai que je devais aussi savoir en quoi consiste cette certitude. Et ayant remarqué qu'il n'y a rien du tout en ceci : *je pense, donc je suis,* qui m'assure que je dis la vérité, sinon que je vois très clairement que, pour penser, il faut être : je jugeai que je pouvais prendre pour règle générale, que les choses que nous concevons[6] fort clairement et fort distinctement sont toutes vraies ; mais qu'il y a seulement

---

1. Il s'ensuivait.
2. Un être.
3. La raison d'être.
4. Elle ne cesserait pas.
5. Ce qui est exigé d'une.
6. Que nous saisissons, que nous comprenons.

quelque difficulté à bien remarquer quelles sont celles que nous concevons distinctement.

DISCOURS DE LA MÉTHODE, *1637,*
partie IV.

Guide de lecture
....

1. Vous exprimerez les différentes étapes du raisonnement de Descartes.

2. Vous relèverez toutes les données qui peuvent être mises en doute et expliquerez pourquoi.

3. Quelle est la seule donnée sur laquelle le doute ne peut porter ? Pour quelle raison ?

4. Vous montrerez la précision du raisonnement.

PASCAL *(1623-1662)*

UNE VIE CONTRASTÉE. Blaise Pascal mène tout d'abord une existence mondaine, fréquente les salons et les cercles scientifiques. Il est alors peu attiré par la religion et a de nombreux amis athées. En 1646, ses conversations avec deux gentilshommes, venus soigner son père victime d'une chute, constituent une révélation. Ils sont proches des milieux jansénistes et l'initient à cette conception religieuse austère : selon le jansénisme, dans un monde marqué par le mal et le péché, l'homme ne peut être sauvé qu'en obtenant une grâce que Dieu n'accorde qu'à quelques privilégiés. La conversion définitive de Pascal n'interviendra que quelques années plus tard : en 1654, il connaît une véritable illumination — la révélation de l'existence de Dieu —, au cours de ce qu'il nomme lui-même la « nuit de feu ». Désormais, il se met au service des jansénistes. Il leur restera fidèle jusqu'à sa mort en 1662, malgré le différend qui l'oppose à eux après leur acceptation de renier, sous la pression du pape, un certain nombre de leurs idées.

UNE ŒUVRE DIVERSE. Blaise Pascal a laissé une œuvre multiple, à l'image de sa vie. Scientifique, il écrit son premier traité de géométrie à 16 ans. On lui doit de nombreuses découvertes : il est notamment l'inventeur de l'ancêtre de la machine à calculer et a contribué à établir les lois de la pression atmosphérique. Écrivain, il est l'auteur des *Lettres à un provincial* (1656-1657), ouvrage polémique dans lequel il se fait le défenseur des jansénistes, et surtout des *Pensées*, qui constituent une des grandes références de la réflexion religieuse.

PENSÉES (1670). Commencées en 1656 et seulement publiées en 1670, les *Pensées* sont constituées de notes et de fragments qui devaient faire partie d'une *Apologie de la religion chrétienne*, jamais achevée. Dans cette œuvre, qui allie la rigueur scientifique et le lyrisme, Blaise Pascal exprime sa conception du monde : l'homme est un être faible et misérable dont les insuffisances apparaissent à la fois dans sa situation physique, intellectuelle et morale. Sa seule grandeur vient de la prise de conscience de cette faiblesse. Son seul espoir réside en Dieu : c'est en se vouant entièrement à lui et en obtenant sa grâce qu'il pourra vivre pleinement et gagner son salut.

Pour Pascal, l'une des causes essentielles de la faiblesse intellectuelle de l'homme est due à la puissance de son imagination. Pascal présente celle-ci comme une « maîtresse d'erreur et de fausseté » qui ne cesse de perturber le jugement humain. Et il fournit de nombreux exemples de cette action perturbatrice qui s'exerce dans tous les domaines.

« Le ton de voix impose aux plus sages »

Qui dispense la réputation, qui donne le respect et la vénération aux personnes, aux ouvrages, aux lois, aux grands, sinon cette faculté

imaginante[1]. Toutes les richesses de la terre sont in-
suffisantes sans son consentement. Ne diriez-vous
pas que ce magistrat dont la vieillesse vénérable impose le respect à tout un peuple se gouverne par une
raison pure et sublime, et qu'il juge des choses par
leur nature sans s'arrêter à ces vaines circonstances
qui ne blessent que l'imagination des faibles.
Voyez-le entrer dans un sermon, où il apporte un
zèle tout dévot[2] renforçant la solidité de sa raison
par l'ardeur de sa charité ; le voilà prêt à l'ouïr[3] avec
un respect exemplaire. Que le prédicateur vienne à
paraître, si la nature lui a donné une voix enrouée et
un tour de visage bizarre, que son barbier l'ait mal
rasé, si le hasard l'a encore barbouillé[4] de surcroît,
quelque grandes vérités qu'il annonce je parie la
perte de la gravité de notre sénateur.

Le plus grand philosophe du monde sur une
planche plus large qu'il ne faut, s'il y a au-dessous
un précipice, quoique sa raison le convainque de sa
sûreté[5], son imagination prévaudra[6]. Plusieurs n'en
sauraient soutenir la pensée sans pâlir et suer.

Je ne veux pas rapporter tous ses effets ; qui ne
sait que la vue des chats, des rats, l'écrasement d'un
charbon[7], etc., emportent la raison hors des gonds.

---

1. L'imagination.
2. Pieux.
3. À l'entendre.
4. Si, par hasard, il s'est sali.
5. Quoique sa raison l'assure qu'il est en sûreté.
6. L'emportera.
7. Le bruit provoqué par un morceau de charbon qu'on écrase.

Le ton de voix impose[1] aux plus sages et change un discours et un poème de force.

30   L'affection ou la haine changent la justice de face, et combien un avocat bien payé par avance trouve-t-il plus juste la cause qu'il plaide. Combien son geste hardi la fait-il paraître meilleure aux juges du-pés[2] par cette apparence. Plaisante raison qu'un

35 vent manie et à tous sens. Je rapporterais presque toutes les actions des hommes qui ne branlent[3] presque que par ses secousses. Car la raison a été obligée de céder, et la plus sage prend pour ses principes ceux que l'imagination des hommes a témé-

40 rairement introduits en chaque lieu.

PENSÉES, *1670,*
fragment 78[4].

Guide de lecture
··

1. **Vous résumerez et commenterez toutes les manifestations de l'imagination abordées par Pascal dans ce texte.**
2. **Vous montrerez l'importance de la subjectivité.**

3. **À quoi Pascal oppose-t-il l'imagina-tion ?**

---

1. En impose.

2. Trompés.

3. Qui n'agissent.

4. Les numéros des fragments sont ceux de l'édition Philippe Sellier, Paris, Mercure de France, 1976.

La faiblesse physique et intellectuelle de l'homme est particulièrement évidente si l'on considère sa situation dans l'univers. Il est comme égaré dans le monde, à la fois écrasé par l'infiniment grand et par l'infiniment petit, que sa pensée ne parvient ni à saisir ni à imaginer.

« Un néant à l'égard de l'infini, un tout à l'égard du néant »

Que l'homme contemple donc la nature entière dans sa haute et pleine majesté, qu'il éloigne sa vue des objets bas qui l'environnent. Qu'il regarde cette éclatante lumière mise comme une
5   lampe éternelle pour éclairer l'univers, que la terre lui paraisse comme un point au prix du vaste tour que cet astre[1] décrit, et qu'il s'étonne de ce que ce vaste tour lui-même n'est qu'une pointe très délicate à l'égard de celui que ces astres, qui roulent
10 dans le firmament, embrassent[2]. Mais si votre vue s'arrête là que[3] l'imagination passe outre, elle se lassera plutôt de concevoir que la nature de fournir[4]. Tout le monde visible n'est qu'un trait imperceptible dans l'ample sein de la nature. Nulle idée n'en
15 approche, nous avons beau enfler[5] nos conceptions

---

1. Le soleil.
2. L'espace que les astres délimitent au cours de leur révolution.
3. Où.
4. Elle se lassera plus tôt de concevoir que la nature ne se lassera de fournir.
5. Élargir.

au-delà des espaces imaginables, nous n'enfantons que des atomes[1] au prix de la réalité des choses. C'est une sphère infinie dont le centre est partout, la circonférence nulle part. Enfin c'est le plus grand caractère sensible[2] de la toute-puissance de Dieu que notre imagination se perde dans cette pensée.

Que l'homme étant revenu à soi considère ce qu'il est au prix de ce qui est, qu'il se regarde comme égaré, et que de ce petit cachot où il se trouve logé, j'entends l'univers, il apprenne à estimer la terre, les royaumes, les villes, les maisons et soi-même, son juste prix[3].

Qu'est-ce qu'un homme, dans l'infini ?

Mais pour lui présenter un autre prodige aussi étonnant, qu'il recherche dans ce qu'il connaît les choses les plus délicates, qu'un ciron[4] lui offre dans la petitesse de son corps des parties incomparablement plus petites, des jambes avec des jointures, des veines dans ses jambes, du sang dans ses veines, des humeurs dans ce sang, des gouttes dans ces humeurs, des vapeurs dans ces gouttes, que divisant encore ces dernières choses il épuise ses forces en ces conceptions et que le dernier objet où il peut arriver soit maintenant celui de notre discours. Il pensera peut-être que c'est là l'extrême petitesse de la nature. [...]

---

1. Les plus petites parties de la matière.
2. La plus grande manifestation perceptible.
3. À leur juste prix.
4. Le ciron était, à l'époque, considéré comme le plus petit des êtres vivants.

Car enfin qu'est-ce que l'homme dans la nature ? Un néant à l'égard de l'infini, un tout à l'égard du néant, un milieu entre rien et tout, infiniment éloi-
45 gné de comprendre les extrêmes ; la fin[1] des choses et leurs principes sont pour lui invinciblement cachés dans un secret impénétrable.

Également incapable de voir le néant d'où il est tiré et l'infini où il est englouti.

Pensées, *1670,*
fragment 230.

_____

1. La destination, la raison d'être.

Guide de lecture

1. **Vous relèverez, au fil de la lecture, tous les termes qui rendent compte de l'infinité.**

2. **En quoi l'infiniment grand et l'infiniment petit se rejoignent-ils ?**

3. **Que ressent l'être humain face à cet univers qui le dépasse ?**

Pour échapper à l'angoisse, au sentiment de l'absurde, l'homme a la tentation d'avoir recours au divertissement. La signification que Pascal donne à ce terme ne renvoie pas seulement au jeu. Le divertissement désigne toutes les activités, toute l'agitation auxquelles se livre l'être humain pour occuper son temps, pour ne plus penser à sa misérable condition.

« Divertissement »

Quand je m'y suis mis quelquefois à considérer les diverses agitations des hommes, et les périls, et les peines où ils s'exposent dans la cour, dans la guerre d'où naissent tant de querelles, de pas-
5   sions, d'entreprises hardies et souvent mauvaises, etc., j'ai dit souvent que tout le malheur des hommes vient d'une seule chose, qui est de ne savoir pas demeurer en repos dans une chambre. Un homme qui a assez de bien pour vivre, s'il savait de-
10   meurer chez soi avec plaisir n'en sortirait pas pour aller sur la mer ou au siège d'une place[1] ; on n'achèterait une charge à l'armée si cher que parce qu'on trouverait insupportable de ne bouger de la ville et on ne recherche les conversations et les divertisse-
15   ments des jeux que parce qu'on ne demeure chez soi avec plaisir. Etc.

Mais quand j'ai pensé de plus près et qu'après avoir trouvé la cause de tous nos malheurs j'ai voulu en découvrir les raisons, j'ai trouvé qu'il y en a une
20   bien effective[2] qui consiste dans le malheur naturel de notre condition faible et mortelle et si misérable que rien ne peut nous consoler lorsque nous y pensons de près.

Quelque condition qu'on se figure[3], si l'on as-
25   semble tous les biens qui peuvent nous appartenir,

---

1. D'une place forte.
2. Réelle.
3. De toutes les conditions imaginables.

la royauté est le plus beau poste[1] du monde et cependant, qu'on s'en imagine un[2], accompagné de
toutes les satisfactions qui peuvent le toucher, s'il
est sans divertissement et qu'on le laisse considérer
et faire réflexion sur ce qu'il est — cette félicité languissante ne le soutiendra point — il tombera par
nécessité dans les vues qui le menacent, des révoltes
qui peuvent arriver et enfin de la mort et des mala-
dies qui sont inévitables, de sorte que, s'il est sans ce
qu'on appelle divertissement, le voilà malheureux,
et plus malheureux que le moindre de ses sujets qui
joue et qui se divertit.

De là vient que le jeu et la conversation des
femmes, la guerre, les grands emplois sont si recher-
chés. Ce n'est pas qu'il y ait en effet[3] du bonheur, ni
qu'on s'imagine que la vraie béatitude[4] soit d'avoir
l'argent qu'on peut gagner au jeu, ou dans le lièvre
qu'on court[5] ; on n'en voudrait pas s'il était offert.
Ce n'est pas cet usage mol et paisible et qui nous
laisse penser à notre malheureuse condition qu'on
recherche, ni les dangers de la guerre, ni la peine des
emplois, mais c'est le tracas qui nous détourne d'y
penser et nous divertit. Raison pourquoi[6] on aime
mieux la chasse que la prise.

---

1. La plus belle situation.
2. Qu'on s'imagine un roi.
3. Réellement, effectivement.
4. Le vrai bonheur.
5. Qu'on chasse.
6. Raison pour laquelle.

50 De là vient que les hommes aiment tant le bruit et le remuement[1]. De là vient que la prison est un supplice si horrible, de là vient que le plaisir de la solitude est une chose incompréhensible. Et c'est enfin le plus grand sujet de félicité[2] de la condition des

55 rois, de ce qu'on essaie sans cesse à les divertir et à leur procurer toutes sortes de plaisirs. Le roi est environné de gens qui ne pensent qu'à divertir le roi et à l'empêcher de penser à lui. Car il est malheureux tout roi qu'il est s'il y pense.

PENSÉES, *1670,*
fragment 168.

---

1. Le mouvement.
2. Le bonheur parfait.

Guide de lecture

**1. Vous ferez la liste de tous les exemples de divertissement que donne Pascal dans ce texte.
2. Vous relèverez le** vocabulaire qui évoque l'agitation dans laquelle l'homme se complaît.
3. Quelle est la raison d'être d'une telle agitation ?

L'homme peut cependant échapper au divertissement, en refusant de se laisser enfermer dans son être corporel. En tant qu'être physique, il est misérable. En tant qu'être pensant, il est grand. Mais il existe une valeur encore supérieure à celle de la pensée : l'amour de Dieu. L'homme ne peut trouver sa pleine vérité, sa place dans l'univers, qu'en recherchant Dieu.

« Un roseau pensant »

229.   En voyant l'aveuglement et la misère de
l'homme, en regardant tout l'univers muet et
l'homme sans lumière abandonné à lui-même, et
comme égaré dans ce recoin de l'univers sans savoir
5 qui l'y a mis, ce qu'il y est venu faire, ce qu'il deviendra en mourant, incapable de toute connaissance,
j'entre en effroi comme un homme qu'on aurait
porté endormi dans une île déserte et effroyable, et
qui s'éveillerait sans connaître[1] et sans moyen d'en
10 sortir. Et sur cela[2] j'admire comment on n'entre
point en désespoir d'un si misérable état. Je vois
d'autres personnes auprès de moi d'une semblable
nature. Je leur demande s'ils sont mieux instruits
que moi. Ils me disent que non et sur cela ces misé-
15 rables égarés, ayant regardé autour d'eux et ayant
vu quelques objets plaisants s'y sont donnés et s'y
sont attachés. Pour moi je n'ai pu y prendre d'attache et considérant combien il y a plus d'apparence
qu'il y a autre chose que ce que je vois j'ai recherché
20 si ce Dieu n'aurait point laissé quelque marque de
soi.

Je vois plusieurs religions contraires et partant[3]
toutes fausses, excepté une. Chacune veut être crue
par sa propre autorité et menace les incrédules. Je ne
25 les crois donc pas là-dessus. Chacun peut dire cela.

---

1. Sans savoir où il est.
2. Au constat d'une si misérable condition.
3. Et par conséquent.

Chacun peut se dire prophète mais je vois la chrétienne[1] et je trouve des prophéties, et c'est ce que chacun ne peut pas faire.

231.   L'homme n'est qu'un roseau, le plus faible de la nature, mais c'est un roseau pensant. Il ne faut pas que l'univers entier s'arme pour l'écraser ; une vapeur[2] une goutte d'eau suffit pour le tuer. Mais quand l'univers l'écraserait, l'homme serait encore plus noble que ce qui le tue, puisqu'il sait qu'il meurt et l'avantage que l'univers a sur lui. L'univers n'en sait rien.

232.   Toute notre dignité consiste donc en la pensée. C'est de là qu'il nous faut relever[3] et non de l'espace et de la durée, que nous ne saurions remplir. Travaillons donc à bien penser : voilà le principe de la morale.

237   S'il y a un seul principe de tout, une seule fin de tout, — tout par lui, tout pour lui, — il faut donc que la vraie religion nous enseigne à n'adorer que lui[4] et à n'aimer que lui. Mais comme nous nous trouvons dans l'impuissance d'adorer ce que nous ne connaissons pas et d'aimer autre chose que nous, il faut que la religion qui instruit de ces devoirs nous instruise aussi de ces impuissances et qu'elle nous apprenne aussi les remèdes. Elle nous apprend que

---

1. La religion chrétienne.
2. Un brouillard.
3. Dépendre.
4. Dieu.

par un homme[1] tout a été perdu et la liaison rompue entre Dieu et nous, et que par un homme[2] la liaison est réparée.

55 Nous naissons si contraires à cet amour de Dieu et il est si nécessaire qu'il faut que nous naissions coupables, ou Dieu serait injuste.

Pensées, *1670*,
fragments 229, 231, 232, 237.

Guide de lecture
···

1. **Vous lirez ce texte, en notant les oppositions entre ce qui fait la faiblesse de l'homme et ce qui fait sa grandeur.**

2. **Vous montrerez le caractère concret de l'évocation de l'homme.**
3. **Quel doit être, selon Pascal, le but de l'homme sur terre ?**

---

1. Adam.
2. Jésus-Christ.

GUEZ DE BALZAC *(1595-1654)*

UN HONNÊTE HOMME. Durant la première partie du XVIIᵉ siècle, Jean-Louis Guez de Balzac exerce une influence considérable sur l'expression de ses contemporains, en travaillant à la perfection du style. Dans son abondante correspondance (qui commence à paraître en 1624, mais dont l'édition complète ne sera publiée qu'en 1665) et dans ses *Entretiens* (publiés en 1657), il a le mérite d'avoir contribué à la création d'une prose qui refuse le pédantisme et l'affectation et, qui, d'une grande souplesse, sait marier toutes les tonalités.

ENTRETIENS (1657). Parus après la mort de Guez de Balzac, ils constituent des sortes de dissertations familières, adressées à des personnalités de l'époque. Dans l'« Entretien IX », intitulé « Qu'il n'est pas possible d'écrire beaucoup et de bien écrire », que l'auteur rédigea au cours de l'hiver 1651-1652 à l'adresse de l'écrivain Jean Chapelain, Guez de Balzac montre que, pour bien écrire, il faut prendre son temps.

« Tous les esprits ne sont pas capables de méditation »

Il faut peu de livres pour être savant, mais avouons qu'il en faut beaucoup moins pour être sage. Et il est certain que les gens dont je veux parler

se servent d'ordinaire de la science contre la raison[1].
Ils chargent toujours leur mémoire et ne songent
jamais à former, ni à cultiver leur jugement. Co-
pistes, récitateurs, allégateurs[2] éternels, ils ne disent
rien, ils ne savent que redire, à peu près comme ces
messagers d'Homère[3], qui rapportent toujours en
mêmes termes le commandement qu'on leur a fait.

Mais ils font un livre en moins de huit jours. Ce
n'est pas chose si difficile, puisque, pour faire ainsi
des livres, il ne faut qu'avoir la patience de transcrire
ceux d'autrui. Il ne faut qu'une aiguille et du fil pour
coudre les étoffes qu'ils ont dérobées de tous côtés.
Ils ne travaillent que des doigts et de la mémoire,
quelquefois de la première pointe de l'imagination
qui agit promptement et à la hâte, au lieu que les
opérations du jugement sont, le plus souvent, lentes
et tardives. Ils n'emploient pas beaucoup de temps à
leurs ouvrages, parce qu'ils les bâtissent sans art et
d'une manière fortuite[4]. Les bornes de leur esprit
étant courtes, il n'est pas merveille s'ils y arrivent
incontinent[5] et s'ils les[6] touchent du premier coup.

Tous les animaux ne ruminent pas. Tous les esprits ne sont pas capables de méditation. Il y en a
qui jettent d'abord toute leur vertu. Il y en a qui

---

1. De la connaissance contre la sagesse.
2. Faiseurs de citations.
3. Célèbre auteur grec de l'Antiquité, auquel on doit *l'Iliade* et *l'Odyssée*.
4. Au hasard.
5. Immédiatement.
6. Les bornes de leur esprit.

n'ont rien que la superficie et le dessus[1] : s'ils
veulent passer outre, ils trouvent la lie dès le milieu,
30 sans aller jusqu'au fond. Ceux qui ne se donnent
point de peine à faire leurs livres en donnent souvent à ceux qui les lisent.

Entretiens, *1657,*
« Entretien IX ».

Guide de lecture

**1. Vous relèverez et
étudierez les comparai-
sons et les métaphores
(voir « Définitions », en
fin de volume), utilisées
par Guez de Balzac, en
montrant qu'elles
contribuent à rendre
son style concret.**

**2. Quelles sont les
catégories d'auteurs qui
écrivent vite ? Pour-
quoi ?**
**3. Quels sont les in-
convénients de cette
précipitation ?**

----

1. Ce qui est superficiel.

MADELEINE
DE SCUDÉRY   *(1607-1701)*

L'ESPRIT PRÉCIEUX.   Par sa vie aussi bien que par son
œuvre, Mlle de Scudéry est l'exemple même de la
préciosité. Pleine d'esprit et de grand savoir, elle reven-
dique l'accès des femmes à la connaissance, à une
époque où l'instruction est réservée aux hommes. Bien
que courtisée, elle refuse toute sa vie de se marier pour
conserver sa liberté et son indépendance. Animatrice,
à partir de 1650, d'un salon littéraire, elle apporte une
contribution déterminante à la diffusion du courant
précieux. Dans ses nombreux romans, longs et
complexes — *le Grand Cyrus,* publié de 1649 à
1653, comporte dix volumes et 13 095 pages ! —, elle
adopte un style élégant et raffiné et exprime une
conception de l'amour reposant sur l'estime et les
échanges de l'esprit.

CLÉLIE (1654-1660).   C'est dans *Clélie* que se trouve la
description de la fameuse carte de Tendre, itinéraire
que doit suivre tout adepte de l'amour précieux. Ce
roman, qui conte la passion contrariée de Clélie, fille du
noble romain Clélius, et d'Aronce, fils du roi des
Étrusques Porsenna, a pour toile de fond historique la
révolution qui, en 509 av. J.-C., renversa le roi de Rome,
Tarquin. Mais c'est la peinture de l'amour qui se révèle
essentielle pour Madeleine de Scudéry. Dans l'évocation de ce passé, elle ne recherche pas l'exactitude :
c'est en fait sa propre époque qu'elle représente sous
ces habits antiques.

« Par quelle route on va de là à Tendre sur Reconnaissance »

E n effet vous[1] voyez que de Nouvelle Amitié on passe à un lieu qu'elle appelle Grand Esprit[2], parce que c'est ce qui commence ordinairement l'estime. Ensuite, vous voyez ces agréables villages de
5 Jolis Vers, de Billet Galant et de Billet Doux, qui sont les opérations les plus ordinaires du grand esprit dans les commencements d'une amitié[3]. Ensuite, pour faire un plus grand progrès dans cette route, vous voyez Sincérité, Grand Cœur, Probité, Généro-
10 sité, Respect, Exactitude et Bonté, qui est tout contre Tendre, pour faire connaître qu'il ne peut y avoir de véritable estime sans bonté, et qu'on ne peut arriver à Tendre de ce côté-là sans avoir cette précieuse qualité. Après cela, madame, il faut, s'il
15 vous plaît, retourner à Nouvelle Amitié, pour voir par quelle route on va de là à Tendre sur Reconnaissance. Voyez donc, je vous prie, comment il faut aller d'abord de Nouvelle Amitié à Complaisance, ensuite à ce petit village qui se nomme Soumission,
20 et qui en touche un autre fort agréable, qui s'appelle Petits Soins. Voyez, dis-je, que de là il faut passer par Assiduité, pour faire entendre[4] que ce n'est pas

---

1. Ce « vous » renvoie à une princesse à laquelle un personnage du roman, Célère, conte l'histoire de Clélie.
2. Élévation d'esprit.
3. Amour.
4. Pour faire comprendre.

assez d'avoir durant quelques jours tous ces petits soins obligeants, qui donnent tant de reconnais-
25 sance, si on ne les a assidûment. Ensuite, vous voyez qu'il faut passer à un autre village qui s'appelle Empressement et ne faire pas comme certaines gens tranquilles, qui ne se hâtent pas d'un moment, quel-que prière qu'on leur fasse, et qui sont incapables
30 d'avoir cet empressement qui oblige[1] quelquefois si fort.

CLÉLIE, *1654-1660,*
première partie, livre I.

Guide de lecture

1. **Quelles sont les étapes de la Carte de Tendre évoquées dans ce texte ? Quelles qualité du parfait amant ré-vèlent-elles ?**

2. **Relevez les termes qui donnent au style un grand raffinement.**
3. **Vous montrerez que ce raffinement rend l'expression parfois artificielle.**

----

1. Qui rend service, plaît et suscite la reconnaissance.

VOITURE   *(1597-1648)*

POÉSIE DE SALON. Proche de la marquise de Rambouillet, dont il fréquente assidûment le célèbre salon, Vincent Voiture est le maître incontesté de la poésie précieuse. Auteur de poèmes publiés après sa mort de 1649 à 1658, il possède l'art de démystifier le sérieux et, au contraire, d'élever plaisamment le quotidien. Si la légèreté de son style séduit, l'extrême subtilité de son écriture et la recherche systématique de l'effet font parfois sourire aujourd'hui.

ŒUVRES (1649-1658). Dans ce sonnet, célèbre au XVIIᵉ siècle, Voiture donne libre cours à ce brillant qui est le sien, en reprenant un thème traditionnel de la poésie galante : le lever de l'être aimé, comparé au lever du soleil.

La Belle matineuse[1]

Des portes du matin l'amante de Céphale[2]
Ses roses épandait dans le milieu des airs
Et jetait sur les cieux nouvellement ouverts
Ces traits d'or et d'azur qu'en naissant elle étale.

---

1. Matinale.
2. L'Aurore.

5   Quand la Nymphe divine, à mon repos fatale,
Apparut et brilla de tant d'attraits divers
Qu'il semblait qu'elle seule éclairait l'univers
Et remplissait de feux la rive orientale[1].

Le soleil se hâtant pour la gloire des cieux
10 Vint opposer sa flamme à l'éclat de ses yeux
Et prit tous les rayons dont l'Olympe[2] se dore.

L'onde, la terre et l'air s'allumaient à l'entour,
Mais auprès de Philis[3] on le prit pour l'aurore,
Et l'on crut que Philis était l'astre du jour.

ŒUVRES, *1649,*
« *la Belle matineuse* ».

Guide de lecture

1. **Vous lirez ce texte, en suivant attentivement la comparaison entre Philis et le soleil.**
2. **Vous relèverez toutes les notations évoquant les couleurs du ciel.**
3. **Vous étudierez la forme du sonnet (voir p. 32).**
4. **Sur quel effet (la pointe) le poème s'achève-t-il ?**

---

1. L'Est.
2. Montagne grecque où étaient censés habiter les dieux.
3. Nom grec donné par Voiture à la belle matineuse.

TRISTAN L'HERMITE *(1601-1655)*

●●●●●●●●●●●●●●●●●●●●●●●●●●●●●●●●●●●●●

UN LIBERTIN LYRIQUE.   Attiré, comme Théophile de Viau (voir p. 34), par la pensée libertine d'inspiration matérialiste, François Tristan l'Hermite fut, de son temps, un auteur apprécié. Il a laissé une tragédie, *Mariamne* (1636), qui connut un grand succès lors de sa création, et un roman, *le Page disgracié* (1643), récit autobiographique d'une enfance agitée. Mais il se distingue surtout par son talent poétique, habile à exprimer un lyrisme délicat, tout en demi-teintes.

LA LYRE (1641).   Ce sonnet, qui fait partie du recueil poétique *la Lyre,* exprime l'admiration de l'auteur pour une belle esclave noire. Il s'agit d'un éloge perçu comme paradoxal, à une époque où la beauté ne pouvait être attribuée qu'aux femmes blanches.

La Belle Esclave more[1]

Beau monstre de nature[2], il est vrai, ton visage
Est noir au dernier point, mais beau parfaitement :
Et l'ébène[3] poli qui te sert d'ornement
Sur le plus blanc ivoire emporte l'avantage.

───────────────

1. Noire, africaine.
2. Beau prodige de la nature.
3. Bois précieux de couleur noire.

5 Ô merveille divine inconnue à notre âge[1] !
Qu'un objet ténébreux luise si clairement !
Et qu'un charbon éteint brûle plus vivement
Que ceux qui de la flamme entretiennent l'usage !

Entre ces noires mains je mets ma liberté.
10 Moi qui fus invincible à toute autre Beauté,
Une More m'embrase[2], une esclave me dompte.

Mais cache-toi Soleil, toi qui viens de ces lieux
D'où cet astre est venu, qui porte pour ta honte
La nuit sur son visage et le jour dans ses yeux.

LA LYRE, *1641,*
« *la Belle Esclave more* ».

Guide de lecture

1. Vous relèverez, au fil de la lecture, tous les paradoxes que Tristan L'Hermite met en évidence.
2. Vous noterez les termes qui évoquent la couleur de la belle esclave.

3. Comment se manifeste l'admiration du poète ?

---

1. À notre époque.
2. M'enflamme.

SAINT-AMANT (1594-1661)

L'OUTRANCE BURLESQUE. Courtisan, homme de guerre, amateur d'art raffiné, épicurien obèse attiré par les plaisirs de la table et de l'amour, Saint-Amant est un être aux multiples facettes. Sa poésie est tout aussi diverse : tantôt, il cultive la subtilité qui caractérise l'expression précieuse ; tantôt, comme dans le poème qui suit, il donne dans le réalisme et dans l'outrance burlesque.

ŒUVRES POÉTIQUES (1623-1661). Dans ce poème, qui fait partie d'un recueil publié en 1631, Saint-Amant exalte, en termes familiers, le plaisir de la boisson, qu'il convient, selon lui, de pratiquer sans modération. Il s'agit là d'un thème fréquemment traité par les poètes burlesques et libertins.

Orgie

Sus[1], sus, enfants, qu'on empoigne la coupe,
Je suis crevé de manger de la soupe,
Du vin, du vin, cependant qu'il est frais.
Verse, garçon, verse jusqu'aux bords,
5 Car je veux chiffler[2] à longs traits
À la santé des vivants et des morts.

---

1. Allons.
2. Boire.

Pour du vin blanc je n'en tâterai guère,
Je crains toujours le sirop de l'aiguière[1],
Dont la couleur me pourrait attraper.
10   Baille-moi[2] donc de ce vin vermeil,
C'est lui seul qui me fait tauper[3],
Bref, c'est mon feu, mon sang et mon soleil.

Ô qu'il est doux ! J'en ai l'âme ravie,
Et ne crois pas qu'il se trouve en la vie
15   Un tel plaisir que de boire d'autant.
Fais-moi raison, cher ami Faret[4],
Ou tu seras tout à l'instant
Privé du nom qui rime à cabaret.

ŒUVRES POÉTIQUES, *1631,*
« Orgie ».

Guide de lecture

1. **Vous étudierez la composition de ce poème : mètres, rimes, rythmes (voir « Définitions », en fin de volume).**
2. **Vous relèverez toutes les expressions** triviales, familières utilisées par Saint-Amant.
3. **Qu'est ce qui fait le comique de ce texte ?**

1. Carafe destinée à contenir de l'eau. Saint-Amant a peur de prendre de l'eau pour du vin blanc.

2. Donne-moi.

3. Boire à la santé, trinquer.

4. Nicolas Faret (1596 ?-1646), ami de Saint-Amant, est l'auteur de *l'Honnête Homme, ou l'Art de plaire à la cour* (1630), qui définit les règles de comportement des gens du monde.

SCARRON   *(1610-1660)*

······································

LA DÉRISION BURLESQUE.   Paul Scarron est le maître du burlesque, cette écriture qui exploite les oppositions et les contradictions (voir p. 136). Les douloureuses circonstances de son existence expliquent, en partie, son attirance pour la dérision. Une mystérieuse maladie le frappe en effet en 1640 et met un terme à la vie de plaisirs qu'il avait menée jusque-là. Désormais paralysé et difforme, il conclut cependant en 1652 un mariage de convention avec la belle Françoise d'Aubigné, la future madame de Maintenon, qui deviendra la maîtresse puis l'épouse secrète de Louis XIV.

Son œuvre littéraire est variée. Il a écrit de nombreuses pièces de théâtre et un long poème burlesque, *Virgile travesti* (1648-1652) : il y parodie l'*Énéide*, poème épique de l'Antiquité romaine qui exalte les exploits guerriers de l'ancêtre légendaire du peuple latin, Énée. Dans *le Roman comique* (1651-1657), il pratique, avec brio, le genre à succès des histoires comiques, qui, s'inscrivant dans une perspective réaliste, prennent le contre-pied des grands romans idéalistes de l'époque.

LE ROMAN COMIQUE (1651-1657).   Dans cette œuvre, Scarron, à travers l'intrigue amoureuse du Destin et de L'Étoile, qui sont devenus acteurs pour échapper à leurs ennemis, évoque avec pittoresque la vie d'une troupe de théâtre ambulante et la société de son temps. Voici la présentation qu'il fait de cette troupe de comédiens, au début du récit.

« Un jeune homme,
aussi pauvre d'habits que riche de mine »

L e soleil avait achevé plus de la moitié de sa
course et son char, ayant attrapé le penchant du
monde[1], roulait plus vite qu'il ne voulait. Si ses chevaux eussent voulu profiter de la pente du chemin,
5 ils eussent achevé ce qui restait du jour en moins
d'un demi-quart d'heure. Mais, au lieu de tirer de
toute leur force, ils ne s'amusaient qu'à faire des
courbettes, respirant un air marin qui les faisait hen-
nir et les avertissait que la mer était proche, où l'on
10 dit que leur maître se couche toutes les nuits. Pour
parler plus humainement et plus intelligiblement, il
était entre cinq et six quand une charrette entra
dans les halles du Mans. Cette charrette était attelée
de quatre bœufs fort maigres, conduits par une ju-
15 ment poulinière[2], dont le poulain allait et venait à
l'entour de la charrette, comme un petit fou qu'il
était. La charrette était pleine de coffres, de malles
et de gros paquets de toiles peintes qui faisaient
comme une pyramide, au haut de laquelle paraissait
20 une demoiselle habillée moitié ville, moitié campagne.

Un jeune homme, aussi pauvre d'habits que riche
de mine, marchait à côté de la charrette. Il avait un
grand emplâtre sur le visage[3] qui lui couvrait un œil

---

1. Le soleil est près de se coucher.
2. Jument destinée à la reproduction.
3. Substance qu'il s'est appliquée sur le visage pour en dissimuler les traits.

25 et la moitié de la joue, et portait un grand fusil sur
son épaule, dont il avait assassiné plusieurs pies,
geais et corneilles, qui lui faisaient comme une ban-
doulière[1], au bas de laquelle pendaient par les pieds
une poule et un oison[2], qui avaient la mine d'avoir
30 été pris à la petite guerre[3]. Au lieu de chapeau, il n'a-
vait qu'un bonnet de nuit, entortillé de jarretières[4]
de différentes couleurs, et cet habillement de tête
était une manière de turban qui n'était encore qu'é-
bauché, et auquel on n'avait pas encore donné la
35 dernière main. Son pourpoint[5] était une casaque de
grisette[6] ceinte avec une courroie, laquelle lui servait
aussi à soutenir une épée qui était si longue qu'on ne
s'en pouvait aider adroitement sans fourchette[7]. Il
portait des chausses[8] troussées à bas d'attache[9],
40 comme celles des comédiens quand ils représentent
un héros de l'Antiquité, et il avait, au lieu de souliers, des brodequins à l'antique, que les boues
avaient gâtés jusqu'à la cheville du pied.

Un vieillard vêtu plus régulièrement, quoique très
45 mal, marchait à côté de lui. Il portait sur ses épaules

---

1. Comme une bande allant de l'épaule à la hanche opposée.
2. Petit de l'oie.
3. Il les avait volés.
4. Bandes destinées à attacher les bas.
5. Vêtement masculin couvrant le corps du cou à la ceinture.
6. Une veste de petite étoffe grise.
7. Support sur lequel on posait les fusils pour les stabiliser au moment du tir.
8. Vêtement couvrant le corps de la ceinture aux genoux.
9. Attachées à l'aide de rubans.

une basse de viole [1] et, parce qu'il se courbait un peu en marchant, on l'eût pris de loin pour une grosse tortue qui marchait sur les jambes de derrière. Quelque critique murmurera de la comparaison, à cause
50 du peu de proportion qu'il y a d'une tortue à un homme ; mais j'entends [2] parler des grandes tortues qui se trouvent dans les Indes, et, de plus, je m'en sers de ma seule autorité [3].

LE ROMAN COMIQUE, *1651-1657,*
partie I, chapitre I.

---

1. Instrument à cordes.
2. Je veux.
3. Je me sers de cette comparaison en en prenant la responsabilité entière.

Guide de lecture
···

1. **Vous relèverez et expliquerez tous les détails qui rendent pittoresques les personnages décrits.**
2. **Vous montrerez ce qui fait le burlesque du début et de la fin de ce texte (lignes 1 à 10 ; 48 à 53).**

3. **Le lecteur peut-il se douter que le jeune homme décrit dans ce texte est Destin, le personnage central du roman ?**

Dans le chapitre xx de la deuxième partie du *Roman comique*, Scarron met en scène Ragotin, petit homme ridicule et souffre-douleur des autres personnages, auquel il arrive constamment des mésaventures bouffonnes. Ragotin, qui s'est endormi au cours d'une veillée, est attaqué, durant son sommeil, par un bélier vindicatif.

« Il y avait un bélier dans l'hôtellerie »

Il y avait un bélier dans l'hôtellerie, à qui la canaille[1], qui va et vient d'ordinaire en de semblables maisons, avait accoutumé de présenter la tête, les mains devant, contre lesquelles le bélier
5   prenait sa course et choquait rudement de la sienne, je veux dire de sa tête, comme tous les béliers font de leur naturel. Cet animal allait sur sa bonne foi[2] par toute l'hôtellerie et entrait même dans les chambres où l'on lui donnait souvent à manger. Il
10   était dans celle de l'opérateur[3] dans le temps qu'Inezille lisait sa nouvelle. Il aperçut Ragotin, à qui le chapeau était tombé de la tête, et qui (comme je vous ai déjà dit) la[4] haussait et baissait souvent. Il crut que c'était un champion qui se présentait à lui
15   pour exercer sa valeur contre la sienne.

Il recula quatre ou cinq pas en arrière, comme l'on fait pour mieux sauter, et, partant comme un cheval dans une carrière[5], alla heurter de sa tête armée de

---

1. Les gens du peuple (sans forcément de nuance péjorative).
2. Sur sa bonne mine.
3. Charlatan vendeur de drogues.
4. Sa tête.
5. Dans un champ de courses.

cornes celle de Ragotin qui était chauve par le haut.
Il la lui aurait cassée comme un pot de terre, de la
force qu'il la choqua, mais, par bonheur pour Ragotin, il la prit dans le temps qu'il la haussait et ainsi ne
fit que lui froisser superficiellement le visage.
L'action du bélier surprit tellement ceux qui la virent
qu'ils en demeurèrent comme en extase[1], sans toutefois oublier d'en rire. Si bien que le bélier, qu'on
faisait toujours choquer plus d'une fois, put sans
empêchement reprendre autant de champ[2] qu'il lui
en fallait pour une seconde course et vint inconsi-
dérément donner dans les genoux de Ragotin dans
le temps que, tout étourdi du choc du bélier et le
visage écorché et sanglant en plusieurs endroits, il
avait porté ses mains à ses yeux qui lui faisaient
grand mal, ayant été également foulés l'un et l'autre,
chacun de sa corne en particulier, parce que celles
du bélier étaient entre elles à la même distance
qu'étaient entre eux les yeux du malheureux
Ragotin. Cette seconde attaque du bélier les[3] lui fit
ouvrir et il n'eut pas plus tôt reconnu l'auteur de son
dommage qu'en la colère où il était il frappa de sa
main fermée le bélier par la tête et se fit grand mal
contre ses cornes.

Il en enragea beaucoup et encore plus d'ouïr[4] rire
toute l'assistance qu'il querella en général, et sortit

---

1. Dans un état de surprise extrême.
2. Autant de distance.
3. Ses yeux.
4. D'entendre.

⁴⁵ de la chambre en furie. Il sortait aussi de l'hôtellerie, mais l'hôte[1] l'arrêta pour compter[2], ce qui lui fut peut-être aussi fâcheux que les coups de cornes du bélier.

LE ROMAN COMIQUE, *1651-1657,*
partie II, chapitre XX.

Guide de lecture
....

**1. Vous montrerez que la progression du récit est en liaison avec l'aggravation des malheurs de Ragotin.
2. Vous relèverez les détails comiques, en** expliquant pourquoi ils provoquent le rire.
3. Vous essaierez de caractériser la personnalité de Ragotin.

_____

1. Le patron de l'hôtellerie.
2. Pour faire le compte de ce que Ragotin lui devait.

CYRANO
DE BERGERAC   *(1619-1655)*
••••••••••••••••••••••••••••••••••••

LA CONTESTATION LIBERTINE.   La vie de Savinien de
Cyrano de Bergerac est un véritable roman. Engagé
comme mousquetaire à l'âge de vingt ans, il acquiert une
grande réputation de courage. Mais deux graves blessures interrompent, au bout de quelques mois, cette
carrière prometteuse. De retour à Paris, il est influencé
par la pensée libertine (voir p. 139). Durant les événements de la Fronde (1648-1652), son attitude sera
ondoyante, tantôt favorable, tantôt hostile aux frondeurs. Il mourra en 1655 après avoir reçu une poutre sur
la tête (accident ou attentat ?).

Cyrano de Bergerac est l'auteur d'une tragédie, *la
Mort d'Agrippine* (1653), qui sera interdite pour les idées
contestataires qu'elle contient. Il a surtout écrit deux
romans d'anticipation, les premiers du genre dans la littérature française, *les États et Empires de la Lune* (1649)
et *les États et Empires du Soleil* (1652), qui, sur fond de
descriptions réalistes et d'oppositions burlesques,
mêlent passages comiques, discours philosophiques et
propos subversifs. Ces deux ouvrages seront publiés
après sa mort, en 1657 et 1662.

LES ÉTATS ET EMPIRES DE LA LUNE (1657).   **Pour aller sur
la Lune, le narrateur essaie différents procédés. Il
construit, en particulier, une machine volante, préfigura-
tion de l'avion. L'échec de cette tentative le conduit à ex-
périmenter, malgré lui, la fusée interplanétaire à étages.**

« Me voilà enlevé dans la nue »

A vec une machine que je construisis et que je m'imaginais être capable de m'élever autant que je voudrais, je me précipitai en l'air du faîte[1] d'une roche. Mais, parce que je n'avais pas bien pris mes mesures, je culbutai rudement dans la vallée. Tout froissé[2] que j'étais, je m'en retournai dans ma chambre sans pourtant me décourager. Je pris de la moelle de bœuf dont je m'oignis[3] tout le corps, car il était meurtri depuis la tête jusqu'aux pieds, et, après m'être fortifié le cœur d'une bouteille d'essence cordiale[4], je m'en retournai chercher ma machine, mais je ne la retrouvai point, car certains soldats, qu'on avait envoyés dans la forêt couper du bois pour faire l'échafaudage du feu de la Saint-Jean qu'on devait allumer le soir, l'ayant rencontrée par hasard, l'avaient apportée au fort. Après plusieurs explications de ce que ce pouvait être, quand on eut découvert l'invention du ressort[5], quelques-uns avaient dit qu'il fallait attacher autour quantité de fusées volantes, pour ce que leur rapidité l'ayant enlevée bien haut, et le ressort agitant ces grandes ailes, il n'y aurait personne qui ne prît cette machine pour un dragon de feu.

---

1. Du haut.
2. Tout meurtri.
3. Dont je me frottai.
4. Boisson fortifiante.
5. Cette machine comporte des ailes actionnées par un ressort.

Je la cherchai longtemps, mais enfin je la trouvai
au milieu de la place de Québec[1] comme on y mettait le feu. La douleur de rencontrer l'ouvrage de
mes mains en un si grand péril me transporta tellement que je courus saisir le bras du soldat qui l'allu-
mait. Je lui arrachai sa mèche et me jetai tout furieux
dans ma machine pour briser l'artifice[2] dont elle
était environnée. Mais j'arrivai trop tard, car à peine
y eus-je les deux pieds que me voilà enlevé dans la
nue.

L'épouvantable horreur dont je fus consterné ne
renversa point tellement les facultés de mon âme
que je ne me sois souvenu depuis de tout ce qui
m'arriva dans cet instant. Vous saurez donc que la
flamme ayant dévoré un rang de fusées (car on les
avait disposées six par six par le moyen d'une
amorce[3] qui bordait chaque demi-douzaine), un
autre étage s'embrasait, puis un autre, en sorte que
le salpêtre[4] embrasé éloignait le péril en le croissant.
La matière toutefois étant usée fit que l'artifice man-
qua[5]. Et lorsque je ne songeais qu'à laisser ma tête
sur celle de quelque montagne, je sentis, sans que je
remuasse aucunement, mon élévation continuer, et,
ma machine prenant congé de moi, je la vis retom-
ber vers la terre. Cette aventure extraordinaire me

---

1. L'action se déroule au Canada.
2. Pour rendre inopérantes les fusées du feu d'artifice.
3. D'une amorce destinée à mettre le feu aux fusées.
4. Matière inflammable dont sont remplies les fusées.
5. Les fusées du feu d'artifice s'éteignirent.

gonfla d'une joie si peu commune que, ravi de me
50 voir délivré d'un danger assuré, j'eus l'impudence de
philosopher dessus. Comme donc je cherchais des
yeux et de la pensée ce qui pouvait être la cause de
ce miracle, j'aperçus ma chair boursouflée et grasse
de la moelle dont je m'étais enduit pour les meur-
55 trissures de mon trébuchement[1]. Je connus[2] qu'é-
tant alors en décours[3] et la lune pendant ce quartier
ayant accoutumé de sucer la moelle des animaux,
elle buvait celle dont je m'étais enduit avec d'autant
plus de force que son globe était plus proche de moi
60 et que l'interposition des nuées n'en affaiblissait
point la vigueur.

LES ÉTATS ET EMPIRES DE LA LUNE, *1657.*

---

1. De ma chute.
2. Je sus, je compris.
3. Période où la Lune décroît.

Guide de lecture
....

**1. Vous reformulerez
les différentes étapes du
récit et donnerez un
titre à chaque partie.
2. Vous relèverez et
expliquerez tous les**

**détails techniques
contenus dans ce texte.
3. Quel rôle la moelle, à
laquelle il est fait allusion au début du récit,
joue-t-elle par la suite ?**

Parvenu enfin sur la Lune, le narrateur observe que les
coutumes y sont totalement différentes de celles des
Terriens. Cyrano de Bergerac souligne ainsi la relativité

des mœurs, met en cause celles qui sont de règle sur la Terre et incite, en conséquence, à la tolérance. Dans cet extrait, au cours d'une promenade, le narrateur assiste à un enterrement et constate que les habitudes lunaires sont, dans ce domaine, en totale contradiction avec celles de son pays.

« Un cadavre marchant sur les vers dont il regorge »

J e n'eus pas achevé d'arpenter la rue qui tombe vis-à-vis de notre maison[1] que je rencontrai à l'autre bout une troupe assez nombreuse de personnes tristes.

5   Quatre d'entre eux portaient sur leurs épaules une espèce de cercueil enveloppé de noir. Je m'informai d'un regardant que voulait dire[2] ce convoi semblable aux pompes funèbres de mon pays. Il me répondit que ce méchant et nommé du peuple[3] par une chiquenaude sur le genou droit[4], qui avait été convaincu d'envie et d'ingratitude, était décédé d'hier, et que le Parlement l'avait condamné, il y avait plus de vingt ans, à mourir de mort naturelle et dans son lit et puis d'être enterré après sa mort.

---

1. La rue située en face de notre maison.
2. Je demandai à un spectateur ce que signifiait.
3. Désigné par le peuple.
4. Manière utilisée par le peuple lunaire pour exprimer sa réprobation.

15   Je me pris à rire de cette réponse et lui m'interro-
geant pourquoi, « Vous m'étonnez, lui répliquai-je,
de dire que ce qui est une marque de bénédiction
dans notre monde, comme une longue vie, une
mort paisible, une sépulture pompeuse[1], serve en
20   celui-ci de châtiment exemplaire. »

      « Quoi ! vous prenez la sépulture pour une
marque de bénédiction, me repartit cet homme, hé !
par votre foi[2], pouvez-vous concevoir quelque chose
de plus épouvantable qu'un cadavre marchant sur
25   les vers dont il regorge, à la merci des crapauds qui
lui mâchent les joues, enfin, la peste revêtue du
corps d'un homme ? Bon Dieu ! la seule imagination[3] d'avoir, quoique mort, le visage embarrassé
d'un drap et sur la bouche une pique de terre[4] me
30   donne de la peine à respirer ! Ce misérable que vous
voyez porté[5], outre l'infamie d'être jeté dans une
fosse, à être condamné à être assisté dans son
convoi de cent cinquante de ses amis et, commandement à eux[6], en punition d'avoir aimé un envieux
35   et un ingrat, de paraître à ses funérailles avec le
visage triste. Et, sans que les juges en ont eu pitié,
imputant en partie des crimes à son peu d'esprit[7], ils
leur auraient ordonné d'y pleurer.

---

1. Enterrement donnant lieu à une cérémonie.
2. Si vous êtes sincère.
3. La seule idée.
4. La hauteur de terre correspondant à la dimension d'une pique.
5. Être destiné.
6. Auxquels il est ordonné.
7. Les juges ne lui ont pas reconnu la circonstance atténuante du manque d'intelligence.

« Hormis les criminels, tout le monde est brûlé.
40 Aussi est-ce une coutume très décente et très raison-
nable, car nous croyons que le feu ayant séparé le
pur et l'impur et de sa chaleur rassemblé par sympa-
thie cette chaleur naturelle qui faisait l'âme, il lui
donne la force de s'élever toujours en montant jus-
45 qu'à quelque astre, la terre de certains peuples plus
immatériels que nous, plus intellectuels, parce que
leur tempérament doit correspondre et participer à
la pureté du globe qu'ils habitent, et que cette
flamme radicale, s'étant encore rectifiée par la sub-
50 tilité des éléments de ce monde-là[1], elle vient à
composer un des bourgeois[2] de ce pays enflammé. »

LES ÉTATS ET EMPIRES DE LA LUNE, *1657*.

Guide de lecture
....

**1. Vous montrerez en
quoi la manière tradi-
tionnelle de traiter les
morts sur Terre appa-
raît ignominieuse à
l'interlocuteur du
narrateur.**

**2. Comment procède-
t-on sur la Lune ?
3. Vous relèverez et
analyserez tous les
détails réalistes conte-
nus dans ce texte.**

---

1. L'âme rejoint un astre enflammé et donc purifié.
2. Un des citoyens, des habitants.

MAIRET   *(1604-1686)*

································

UN PRÉCURSEUR. Contemporain de Pierre Corneille,
Jean Mairet a joué un rôle important dans la construction du théâtre classique (voir p. 137). Une de ses
pièces, *Sophonisbe* (1634), est considérée comme la première tragédie régulière française. Mairet est l'auteur de
douze pièces, dont une comédie, *les Galanteries du duc
d'Ossonne* (1632), et de plusieurs tragi-comédies, genre
intermédiaire entre la tragédie et la comédie qui,
comme *Sylvie* (1626), après un développement tendu,
s'achève sur un dénouement heureux. Il pratique tantôt
le théâtre irrégulier, tantôt le théâtre régulier (voir
p. 137). Après avoir connu de grands succès, il abandonne la carrière théâtrale dès 1642, supplanté par son
rival Corneille, et se consacre désormais à la diplomatie.

SOPHONISBE (1634). Mariée au vieux roi de Numidie
Syphax, la princesse carthaginoise Sophonisbe aime le
jeune Numide Massinisse qui combat contre son
propre pays aux côtés des Romains. Après la mort de
Syphax, tué au cours d'une bataille, Sophonisbe et Massinisse peuvent se marier. Mais ils ne connaîtront pas le
bonheur. Le général romain Scipion l'Africain s'oppose
à cette union et veut faire de Sophonisbe son esclave.
L'amour contrarié de Sophonisbe et de Massinisse s'a-
chèvera alors de façon tragique par un double suicide.
La scène première de l'acte IV annonce déjà ce dénouement malheureux. Sophonisbe et Massinisse s'in-
quiètent de l'inflexibilité de Scipion.

« J'ai pour vous trop d'amour,
pour moi trop de courage »

SOPHONISBE

Que je perde plutôt la lumière céleste[1]
Que de voir mon amour vous devenir funeste !
Non, non, si Scipion, comme on n'en doute point,
Veut séparer en nous ce que l'hymen[2] a joint,
5   Il faut que vous fassiez toute chose possible,
Pour vaincre la rigueur de ce cœur insensible ;
Que si rien ne le peut, je vous demande au moins,
Au nom de tous les Dieux de nos noces témoins,
Et par la pureté de l'amour conjugale[3],
10 De conserver en moi la dignité royale.
Enfin je vous conjure autant que je le puis
De vous bien souvenir de ce que je vous suis.
Ne souffrez pas qu'un jour votre femme enchaînée
Soit dans un Capitole[4] en triomphe menée.
15 Je ne vous parle plus comme hier je vous parlois[5],
En veuve de Syphax et sujette à vos lois ;
Je sais bien que le nœud[6] qui nos âmes assemble
Confond pareillement nos intérêts ensemble,
Que vous devez souffrir des maux qu'on me fera,
20 Et que c'est de tous deux que l'on triomphera.

---

1. C'est-à dire la vie.
2. Le mariage.
3. « Amour » pouvait être masculin ou féminin au XVIIᵉ siècle.
4. Une des sept collines de la Rome antique.
5. Je vous parlais.
6. Les liens du mariage.

MASSINISSE

J'ai pour vous trop d'amour, pour moi trop de
[courage[1]
Pour souffrir[2], sans me perdre, un si sensible
[outrage,
Mais on n'en viendra pas à cette extrémité.

SOPHONISBE

Je connais Scipion, et sa sévérité.

MASSINISSE

25   Je vous donne ma foi que, quoi qu'il en arrive,
Rome ne verra point Sophonisbe captive.

SOPHONISBE

Me le promettez-vous ?

MASSINISSE

Oui, je vous le promets.

SOPHONISBE

Allons donc, mon esprit est content désormais.

SOPHONISBE, *1634,*
acte IV, scène première.

Guide de lecture
....

1. Vous relèverez les termes qui soulignent le caractère inflexible de Scipion.
2. Comment s'exprime l'amour réciproque de Sophonisbe et de Massinisse ?
3. Comment se manifeste le tragique de leur situation ?

---

1. Trop de cœur.
2. Supporter.

CORNEILLE   *(1606-1684)*

....

UNE LONGUE CARRIÈRE THÉÂTRALE.   Né à Rouen, au
début du siècle, dans une famille de magistrats, Pierre
Corneille fait ses études secondaires dans un collège de
jésuites. L'enseignement qu'il reçoit alors utilise traditionnellement le théâtre à des fins pédagogiques. Voilà qui a
certainement contribué à éveiller chez le jeune Corneille le goût pour le théâtre qui a dû également être
encouragé par l'implantation, à Rouen, de nombreuses
maisons d'édition spécialisées dans la publication des
œuvres théâtrales. Son père le destinait à une carrière
d'avocat. Mais, peu éloquent, il préfère se consacrer à
l'écriture dramatique.
   La comédie *Mélite* (1629) est son coup d'essai. C'est
un succès, et il écrit alors toute une série de pièces
comiques, dont *la Galerie du palais* (1632) et *l'Illusion
comique* (1636). En 1637, le triomphe de la tragi-comédie du *Cid,* malgré la querelle que lui font les théoriciens
qui s'élèvent contre son irrégularité, le rend maître de la
scène française. Partageant son temps entre Paris et
Rouen, il se consacre, à partir de 1640, à la tragédie
régulière (voir p. 137). Après les succès remportés par
Horace (1640), *Cinna* (1641), *Polyeucte* (1642) et
Nicomède (1651), l'échec retentissant de *Pertharite* cette
même année l'amène à renoncer au théâtre. Ce n'est
qu'une retraite provisoire. Il revient à la scène en 1659
avec notamment *Sertorius* (1662). Mais il cesse définitivement ses activités théâtrales en 1674, victime de la
concurrence de Jean Racine.

L'HÉROÏSME CORNÉLIEN.   Dans son théâtre, il exalte l'héroïsme, en fait le centre de ses pièces, le présente comme un idéal de vie. Selon cette vision du monde, la grandeur de l'homme consiste à veiller à sa « gloire », c'est-à-dire à son honneur, à correspondre à l'idée qu'il a de lui-même. Cette recherche individuelle fait aussi intervenir des valeurs collectives, en liaison avec les exigences de l'histoire et de la société : dans *le Cid*, l'honneur de Rodrigue, qui doit venger son père en tuant le père de celle qu'il aime, est, à la fois, son honneur personnel et l'honneur de sa famille. Le choix n'est pas toujours facile et s'effectue à l'issue de débats intérieurs pour résoudre ce qu'on appelle les dilemmes cornéliens : Rodrigue doit-il préférer son amour ou son honneur ? L'héroïsme suppose la maîtrise de ses impulsions. Le héros assume sa condition, rejette l'aliénation, se pose en homme libre dans un monde où la fatalité n'existe pas.

LA GALERIE DU PALAIS (1632).   Corneille a appelé *la Galerie du palais* « comédie ». Et, de fait, cette pièce est tout d'abord une comédie de caractère et de mœurs (voir « Définitions », en fin de volume). Corneille situe l'action dans la galerie du Palais de justice, centre de la vie parisienne où sont installés de nombreux libraires, et dans le quartier du Marais où habitent les personnages nobles de la pièce : voilà qui permet à l'auteur de peindre les milieux bourgeois et aristocratiques de la capitale.

Mais l'intrigue est proche du schéma de la tragi-comédie. Corneille y reproduit le système des amours contrariées. La jeune Célidée a accepté le fiancé Lysandre que lui proposait son père. Poussée par son amie Hippolyte, qui aime Lysandre, elle fait semblant, pour éprouver celui-ci, d'aimer Dorimant, lui-même épris d'Hippolyte. De son côté, Lysandre, dépité, feint d'être amoureux d'Hippolyte. L'imbroglio est donc total et ne va pas sans souffrance pour chacun des personnages ainsi perturbé dans sa passion. Ce pourrait être tragique. Mais c'est une comédie et tout se terminera au mieux par un double mariage : Célidée épousera Lysandre et Hippolyte se mariera avec Dorimant.

À la scène première de l'acte II, Hippolyte accueille avec froideur et moquerie les déclarations enflammées de Dorimant.

« Votre premier aspect sut allumer ma flamme »

HIPPOLYTE

Ne me contez point tant que mon visage est beau :
Ces discours n'ont pour moi rien du tout de
[nouveau ;
Je le sais bien sans vous, et j'ai cet avantage,
Quelques perfections qui soient sur mon visage,
5   Que je suis la première à m'en apercevoir :
Pour me les bien apprendre, il ne faut qu'un miroir ;
J'y vois en un moment tout ce que vous me dites.

DORIMANT

Mais vous n'y voyez pas tous vos rares mérites :
Cet esprit tout divin, et ce doux entretien[1],
10 Ont des charmes puissants dont il ne montre rien.

HIPPOLYTE

Vous les montrez assez par cette après-dînée
Qu'à causer avec moi vous vous êtes donnée ;
Si mon discours n'avait quelque charme caché,
Il ne vous tiendrait pas si longtemps attaché.
15 Je vous juge plus sage, et plus aimer votre aise,
Que d'y tarder ainsi sans que rien vous y plaise[2] ;
Et si je présumais qu'il vous plût sans raison,
Je me ferais moi-même un peu de trahison ;
Et par ce trait badin[3] qui sentirait l'enfance,
20 Votre beau jugement recevrait trop d'offense.
Je suis un peu timide, et, dût-on me jouer,
Je n'ose démentir ceux qui m'osent louer.

DORIMANT

Aussi vous n'avez pas le moindre lieu de craindre
Qu'on puisse, en vous louant, ni vous flatter, ni
[feindre ;
25 On voit un tel éclat en vos brillants appas[4],
Qu'on ne peut l'exprimer, ni ne l'adorer pas.

HIPPOLYTE

Ni ne l'adorer pas ! Par là vous voulez dire...

---

1. Cette douce conversation.

2. J'estime que vous aimez davantage veiller à votre bien-être que vous attarder ainsi sans éprouver aucun plaisir.

3. Espiègle, enjoué.

4. Charmes.

DORIMANT

Que mon cœur désormais vit dessous votre empire,
Et que tous mes desseins de vivre en liberté
30   N'ont rien eu d'assez fort contre votre beauté.

HIPPOLYTE

Quoi ! mes perfections vous donnent dans la vue[1] ?

DORIMANT

Les rares qualités dont vous êtes pourvue
Vous ôtent tout sujet de vous en étonner.

HIPPOLYTE

Cessez aussi, Monsieur, de vous l'imaginer.
35   Si vous brûlez[2] pour moi, ce ne sont pas merveilles :
J'ai de pareils discours chaque jour aux oreilles,
Et tous les gens d'esprit en font autant que vous.

DORIMANT

En amour toutefois je les surpasse tous.
Je n'ai point consulté pour vous donner mon âme ;
40   Votre premier aspect sut allumer ma flamme,
Et je sentis mon cœur, par un secret pouvoir,
Aussi prompt à brûler que mes yeux à vous voir.

LA GALERIE DU PALAIS, 1632,
acte II, scène première.

Guide de lecture

1. Comment se manifeste l'ironie d'Hippolyte ?

2. Étudiez le vocabulaire utilisé par Dorimant en montrant ce qui, selon vous, relève de la préciosité (voir p. 134).

3. Pourquoi l'attitude de refus d'Hippolyte n'est-elle pas tragique pour Dorimant ?

---

1. Se font reconnaître de vous, vous attirent.
2. Si vous brûlez d'amour.

L'Illusion comique (1636).   Cette comédie développe un sujet romanesque pimenté de merveilleux. À la recherche de son fils Clindor, Pridamant utilise les services d'un magicien qui lui permet d'assister à une reconstitution de la vie aventureuse du disparu. Clindor, aimé de la servante Lyse, aime d'un amour partagé Isabelle, dont sont épris l'homme de guerre Matamore et Adraste. Clindor, condamné à mort pour avoir mortellement blessé Adraste, parvient à s'évader. Il est ensuite assassiné sur l'ordre d'un prince dont il a courtisé la femme : mais, heureusement, ce dernier épisode fait partie d'une pièce de théâtre jouée par Clindor devenu comédien.

La tonalité comique de l'œuvre est essentiellement créée par Matamore, faux brave ridicule, sans cesse en train de se vanter d'exploits imaginaires, comme dans la scène 2 de l'acte II.

« Le seul bruit de mon nom renverse les murailles »

CLINDOR

Quoi, Monsieur, vous rêvez ! et cette âme hautaine
Après tant de beaux faits semble être encor en
[peine !
N'êtes-vous point lassé d'abattre des guerriers ?
Soupirez-vous après quelques nouveaux lauriers[1] ?

---

1. Symboles de la gloire militaire.

Matamore

5 Il est vrai que je rêve, et ne saurais résoudre
Lequel je dois des deux le premier mettre en
[poudre,
Du grand Sophi de Perse[1], ou bien du grand
[Mogor[2].

Clindor

Et de grâce, Monsieur, laissez-les vivre encor !
Qu'ajouterait leur perte à votre renommée ?
10 Et puis quand auriez-vous rassemblé votre armée ?

Matamore

Mon armée ! ah poltron ! ah traître ! pour leur mort
Tu crois donc que ce bras ne soit pas assez fort !
Le seul bruit de mon nom renverse les murailles,
Défait les escadrons et gagne les batailles ;
15 Mon courage invaincu contre les empereurs
N'arme que la moitié de ses moindres fureurs ;
D'un seul commandement que je fais aux trois
[Parques[3],
Je dépeuple l'État des plus heureux monarques ;
Le foudre[4] est mon canon, les destins mes soldats ;
20 Je couche d'un revers mille ennemis à bas ;
D'un souffle je réduis leurs projets en fumée,
Et tu m'oses parler cependant d'une armée !

---

1. Le souverain persan.

2. Le souverain des Indes.

3. Déesses de la mythologie antique qui filaient la trame de la vie des mortels.

4. La foudre, emblème de Jupiter, roi des dieux (mot masculin ou féminin au XVIIe siècle).

Tu n'auras plus l'honneur de voir un second Mars[1],
Je vais t'assassiner d'un seul de mes regards,
25 Veillaque[2]... Toutefois, je songe à ma maîtresse ;
Ce penser m'adoucit. Va, ma colère cesse,
Et ce petit archer qui dompte tous les dieux[3]
Vient de chasser la mort qui logeait dans mes yeux.
Regarde, j'ai quitté cette effroyable mine
30 Qui massacre, détruit, brise, brûle, extermine,
Et pensant au bel œil qui tient ma liberté,
Je ne suis plus qu'amour, que grâce, que beauté.

CLINDOR

Ô dieux ! en un moment que tout vous est
                                        [possible !
Je vous vois aussi beau que vous étiez terrible,
35 Et ne crois point d'objet si ferme en sa rigueur
Qui puisse constamment vous refuser son cœur.

MATAMORE

Je te le dis encor, ne sois plus en alarme,
Quand je veux j'épouvante, et quand je veux je
                                        [charme,
Et selon qu'il me plaît, je remplis tour à tour
40 Les hommes de terreur, et les femmes d'amour.
Du temps que ma beauté m'était inséparable,
Leurs persécutions me rendaient misérable :
Je ne pouvais sortir sans les faire pâmer[4] ;
Mille mouraient par jour à force de m'aimer ;

---

1. Dieu de la Guerre.
2. Coquin, lâche.
3. Cupidon, le dieu de l'Amour.
4. S'évanouir.

45 J'avais des rendez-vous de toutes les princesses ;
Les reines à l'envi mendiaient mes caresses ;
Celle d'Éthiopie et celle du Japon
Dans leurs soupirs d'amour ne mêlaient que mon
[nom ;
De passion pour moi deux sultanes troublèrent[1] ;
50 Deux autres pour me voir du sérail[2] s'échappèrent ;
J'en fus mal quelque temps avec le Grand Seigneur[3].

L'ILLUSION COMIQUE, *1636,*
acte II, scène 2.

---

1. Devinrent folles.
2. Partie du palais où, en Turquie, les femmes étaient enfermées.
3. Le sultan turc.

Guide de lecture

1. **Vous relèverez et étudierez toutes les exagérations auxquelles se livre Matamore pour évoquer ses exploits guerriers.**

2. **Dans quel passage et de quelle manière le faux brave décrit-il ses succès amoureux ?**
3. **Comment l'ironie de Clindor se manifeste-t-elle ?**

LE CID (1637). Cette tragi-comédie est d'abord une histoire d'amour qui reprend le schéma, alors traditionnel, des passions contrariées. L'action se déroule dans l'Espagne du XIe siècle, où s'affrontent chrétiens et Arabes. Rodrigue, jeune noble, est aimé de la fille du roi, mais aime d'un amour partagé Chimène, dont est épris don Sanche. Une violente altercation entre le père de Rodrigue, don Diègue, et celui de Chimène, don Gormas, vient compromettre le bonheur des deux jeunes gens. Rodrigue doit choisir entre son amour et son honneur. Il choisit l'honneur et tue en duel don Gormas. Il part ensuite combattre les Arabes sur lesquels il remporte une victoire éclatante. De retour, il doit affronter le désir de vengeance de Chimène et se battre en duel contre don Sanche, auquel la jeune fille a confié sa défense. Il est, de nouveau, vainqueur et peut espérer le pardon de celle qu'il aime, réconforté par ces paroles du roi : « Laisse faire le temps, ta vaillance et ton roi » (acte V, scène 7).

Le texte qui suit se situe après la dispute entre don Diègue et don Gormas. Don Diègue, humilié par le père de Chimène qui lui a donné un soufflet, qui l'a frappé au visage, demande à Rodrigue de venger son honneur bafoué.

« Rodrigue, as-tu du cœur ? »

DON DIÈGUE

Rodrigue, as-tu du cœur[1] ?

DON RODRIGUE

      Tout autre que mon père
L'éprouverait[2] sur l'heure.

---

1. Du courage.
2. En ferait l'épreuve, le vérifierait.

DON DIÈGUE
                    Agréable colère !
Digne ressentiment à ma douleur bien doux !
Je reconnais mon sang à ce noble courroux ;
5   Ma jeunesse revit en cette ardeur si prompte
Viens, mon fils, viens, mon sang, viens réparer ma
                                    [honte ;
Viens me venger.

                    DON RODRIGUE
                De quoi ?

                    DON DIÈGUE
                        D'un affront si cruel,
Qu'à l'honneur de tous deux il porte un coup
                                    [mortel :
D'un soufflet. L'insolent en eût perdu la vie ;
10   Mais mon âge a trompé ma généreuse envie :
Et ce fer[1] que mon bras ne peut plus soutenir,
Je le remets au tien pour venger et punir.
Va contre un arrogant[2] éprouver ton courage :
Ce n'est que dans le sang qu'on lave un tel outrage ;
15   Meurs ou tue. Au surplus, pour ne te point flatter[3],
Je te donne à combattre un homme à redouter :
Je l'ai vu, tout couvert de sang et de poussière,
Porter partout l'effroi dans une armée entière.
J'ai vu par sa valeur cent escadrons rompus ;
20   Et pour t'en dire encor quelque chose de plus,

---

1. Cette épée.
2. Hautain, vaniteux, dédaigneux.
3. De plus, parce que je ne te ménage pas.

Plus que brave soldat, plus que grand capitaine,
C'est...

DON RODRIGUE

De grâce, achevez.

DON DIÈGUE

Le père de Chimène.

DON RODRIGUE

Le...

DON DIÈGUE

Ne réplique point, je connais ton amour ;
Mais qui peut vivre infâme[1] est indigne du jour.
25 Plus l'offenseur est cher, et plus grande est l'offense.
Enfin tu sais l'affront, et tu tiens la vengeance.
Je ne te dis plus rien. Venge-moi, venge-toi ;
Montre-toi digne fils d'un père tel que moi.
Accablé des malheurs où le destin me range,
30 Je vais les déplorer[2] : va, cours, vole, et nous venge.

LE CID, *1637,*
acte I, scène 5.

Guide de lecture

1. **Vous relèverez et analyserez tous les termes et expressions qui renvoient au sentiment de l'honneur et au courage.**
2. **D'après l'intrigue de la pièce, comment** s'explique la perplexité de Rodrigue ?
3. **Vous essaierez, d'après ce texte, de brosser les portraits de don Diègue et de Rodrigue.**

---

1. Qui a perdu sa réputation, déshonoré.
2. Pleurer sur eux.

Horace (1640). Cette tragédie, dont l'action se déroule durant l'Antiquité romaine, marie intrigue amoureuse et sujet politique. Deux familles, habitant deux cités voisines, Rome et Albe, sont unies par une double alliance : l'un des trois Horaces, d'origine romaine, a épousé Sabine, membre de la famille albaine des Curiaces, tandis qu'un des Curiaces est fiancé à Camille, sœur des Horaces, dont le Romain Valère est, par ailleurs, amoureux. Tout semble donc aller pour le mieux.

Mais un différend oppose bientôt les deux villes. Et les autorités se mettent d'accord pour organiser un combat entre les trois Horaces et les trois Curiaces, dont l'issue désignera la cité victorieuse. Deux des Horaces sont tués dès le début de l'affrontement. Mais le survivant indemne, profite des blessures de ses trois adversaires pour les vaincre à tour de rôle et leur ôter la vie. Camille, qui a perdu son fiancé, accable son frère de reproches et d'injures. Furieux, il la tue. Jugé pour cet assassinat, il est finalement acquitté au nom de la raison d'État.

Le sujet de cette pièce permet d'opposer deux conceptions de l'honneur, celle d'Horace, fanatique et sans nuances, et celle de Curiace, empreinte d'humanité et de modération. À la scène première de l'acte II, les noms des champions retenus pour le combat sont révélés. À Curiace, qui déplore d'avoir à combattre contre ses amis, Horace répond par un discours plein de fermeté.

« La gloire de ce choix
m'enfle d'un juste orgueil »

HORACE

Loin de trembler pour Albe, il vous faut plaindre
                                        [Rome,
Voyant ceux qu'elle oublie et les trois qu'elle
                                        [nomme.
C'est un aveuglement pour elle bien fatal,
D'avoir tant à choisir et de choisir si mal.
5   Mille de ses enfants beaucoup plus dignes d'elle
Pouvaient bien mieux que nous soutenir sa
                                        [querelle ;
Mais quoique ce combat me promette un cercueil,
La gloire de ce choix m'enfle d'un juste orgueil ;
Mon esprit en conçoit une mâle assurance :
10 J'ose espérer beaucoup de mon peu de vaillance ;
Et du sort envieux quels que soient les projets,
Je ne me compte point pour un de vos sujets.
Rome a trop cru de moi[1], mais mon âme ravie
Remplira son attente[2] ou quittera la vie.
15 Qui veut mourir ou vaincre est vaincu rarement :
Ce noble désespoir périt malaisément.
Rome, quoi qu'il en soit, ne sera point sujette[3],
Que[4] mes derniers soupirs n'assurent ma défaite.

---

1. Rome a eu trop confiance en moi.
2. Accomplira son attente, fera ce qu'elle attend.
3. Assujettie, soumise.
4. Avant que.

CURIACE

Hélas ! c'est bien ici que je dois être plaint.
20 Ce que veut mon pays, mon amitié le craint.
Dures extrémités de voir Albe asservie,
Ou sa victoire au prix d'une si chère vie,
Et que l'unique bien où tendent ses désirs
S'achète seulement par vos derniers soupirs !
25 Quels vœux puis-je former, et quel bonheur
[attendre ?
De tous les deux côtés j'ai des pleurs à répandre ;
De tous les deux côtés mes désirs sont trahis.

HORACE

Quoi ! vous me pleureriez mourant pour mon
[pays[1] !
Pour un cœur généreux ce trépas[2] a des charmes ;
30 La gloire qui le suit ne souffre point de larmes,
Et je le recevrais en bénissant mon sort,
Si Rome et tout l'État perdaient moins en ma mort.

CURIACE

À vos amis pourtant permettez de le craindre ;
Dans un si beau trépas ils sont les seuls à plaindre :
35 La gloire en est pour vous, et la perte pour eux ;
Il vous fait immortel, et les rend malheureux :
On perd tout quand on perd un ami si fidèle.
Mais Flavian[3] m'apporte ici quelque nouvelle.

HORACE, *1640,*
acte II, scène première.

---

1. Alors que je serais mort pour mon pays.
2. Cette mort.
3. Soldat albain.

....

I. Vous expliquerez les deux conceptions de l'honneur exprimées par chacun des personnages.

2. Vous relèverez les termes qui montrent, d'une part, l'excès et l'intolérance d'Horace, d'autre part, la modération et l'ouverture d'esprit de Curiace.

3. En analysant les procédés stylistiques utilisés (rythme des phrases, ponctuation, figures de rhétorique...), montrez que la tension dramatique atteint ici son comble.

CINNA (1641). Le sujet de cette tragédie est d'une grande simplicité. Émilie, fille adoptive de l'empereur romain Auguste, veut venger l'assassinat de son père dans lequel Auguste a trempé, et organise un complot contre l'empereur. Elle y entraîne Cinna, qu'elle aime, et Maxime, lui-même amoureux de la jeune femme, qui agissent également par haine de la tyrannie. Par dépit de voir Émilie lui préférer Cinna, Maxime dénonce la conspiration. Mais Auguste, au lieu de sévir, pardonne aux conjurés et donne son accord au mariage entre Émilie et Cinna, apportant ainsi à la pièce une fin exceptionnellement heureuse pour une tragédie.

Dès le début de l'action, Émilie, dans un long monologue, clame son désir de vengeance. Elle sait qu'en entraînant Cinna dans le complot elle risque de le perdre. Mais finalement sa haine pour Auguste crie plus fort que son amour.

« Amour, sers mon devoir,
et ne le combats plus »

ÉMILIE

Impatients désirs d'une illustre vengeance
Dont la mort de mon père a formé la naissance,
Enfants impétueux de mon ressentiment[1],
Que ma douleur séduite embrasse[2] aveuglément,
5   Vous prenez sur mon âme un trop puissant
                   [empire[3] ;
Durant quelques moments souffrez[4] que je respire,
Et que je considère en l'état où je suis,
Et ce que je hasarde et ce que je poursuis.
Quand je regarde Auguste au milieu de sa gloire,
10 Et que vous reprochez à ma triste mémoire
Que par sa propre main mon père massacré
Du trône où je le vois fait le premier degré[5],
Quand vous me présentez cette sanglante image,
La cause de ma haine et l'effet de sa rage,
15 Je m'abandonne toute à vos ardents transports[6],
Et crois pour une mort lui devoir mille morts.
Au milieu toutefois d'une fureur si juste,
J'aime encor plus Cinna que je ne hais Auguste,
Et je sens refroidir ce bouillant mouvement
20 Quand il faut, pour le suivre, exposer mon amant.

---

1. De ma rancune, de mon désir de vengeance.
2. Adopte, accepte.
3. Autorité, influence.
4. Permettez.
5. Constitue la première marche.
6. Sentiments violents.

Oui, Cinna, contre moi moi-même je m'irrite
Quand je songe aux dangers où je te précipite.
Quoique pour me servir tu n'appréhendes rien[1],
Te demander du sang, c'est exposer le tien.
25 D'une si haute place on n'abat point de têtes
Sans attirer sur soi mille et mille tempêtes.
L'issue en est douteuse, et le péril certain,
Un ami déloyal peut trahir ton dessein,
L'ordre mal concerté, l'occasion mal prise,
30 Peuvent sur son auteur renverser l'entreprise,
Tourner sur toi les coups dont tu le veux frapper,
Dans sa ruine même il peut t'envelopper,
Et quoi qu'en ma faveur ton amour exécute,
Il te peut, en tombant, écraser sous sa chute.
35 Ah ! cesse de courir à ce mortel danger,
Te perdre en me vengeant, ce n'est pas me venger.
Un cœur est trop cruel quand il trouve des charmes
Aux douceurs que corrompt l'amertume des larmes,
Et l'on doit mettre au rang des plus cuisants
                               [malheurs
40 La mort d'un ennemi qui coûte tant de pleurs.
    Mais peut-on en verser alors qu'on venge un
                                    [père ?
Est-il perte à ce prix qui ne semble légère ?
Et quand son assassin tombe sous notre effort,
Doit-on considérer ce que coûte sa mort ?
45 Cessez, vaines frayeurs, cessez, lâches tendresses,
De jeter dans mon cœur vos indignes faiblesses ;
Et toi qui les produis par tes soins superflus,

---

1. Tu ne craignes rien.

Amour, sers mon devoir, et ne le combats plus :
Lui céder, c'est ta gloire, et le vaincre, ta honte,
50 Montre-toi généreux, souffrant qu'il te surmonte [1],
Plus tu lui donneras, plus il te va donner,
Et ne triomphera que pour te couronner.

CINNA, *1641,*
acte I, scène première.

—————————

1. En supportant qu'il te domine.

Guide de lecture

1. **Cette scène est une scène d'exposition chargée de fournir aux spectateurs les données nécessaires à la compréhension de l'action. Vous relèverez ces données.**

2. **Vous montrerez que cette scène est construite autour des hésitations et des revirements d'Émilie.**
3. **Quelle conception de l'amour Émilie exprime-t-elle ?**

POLYEUCTE (1642).   Dans cette tragédie, amour et religion se mêlent intimement. Sous l'Empire romain païen, l'Arménien Polyeucte s'est converti au christianisme. Sa femme Pauline, aimée par ailleurs de Sévère, pour lequel elle éprouve un tendre sentiment, essaie, avec l'appui de son père Félix, de détourner son mari de sa nouvelle foi.

Polyeucte se refuse à renier sa religion et court au martyre, tandis que Félix et Pauline, que Polyeucte a confiée à Sévère, se convertissent à leur tour au christianisme.

Au début de la pièce, Polyeucte, ému par le récit d'un songe funeste que lui a rapporté son épouse, voudrait repousser l'heure de son baptême et affronte la réprobation de son ami chrétien Néarque.

« Mais vous ne savez pas ce que c'est qu'une femme »

NÉARQUE

Quoi ? vous vous arrêtez aux songes d'une femme !
De si faibles sujets troublent cette grande âme !
Et ce cœur tant de fois dans la guerre éprouvé
S'alarme d'un péril qu'une femme a rêvé !

POLYEUCTE

5 Je sais ce qu'est un songe, et le peu de croyance
Qu'un homme doit donner à son extravagance,
Qui d'un amas confus des vapeurs de la nuit
Forme de vains objets que le réveil détruit.
Mais vous ne savez pas ce que c'est qu'une femme,
10 Vous ignorez quels droits elle a sur toute l'âme,
Quand, après un long temps qu'elle a su nous
                                           [charmer,
Les flambeaux de l'hymen viennent de s'allumer[1].
Pauline, sans raison dans la douleur plongée,
Craint et croit déjà voir ma mort qu'elle a songée,
15 Elle oppose ses pleurs au dessein que je fais
Et tâche à m'empêcher de sortir du palais.

_____

1. Le mariage a été célébré.

Je méprise sa crainte, et je cède à ses larmes,
Elle me fait pitié sans me donner d'alarmes,
Et mon cœur, attendri sans être intimidé,
20 N'ose déplaire aux yeux dont il est possédé.
L'occasion, Néarque, est-elle si pressante
Qu'il faille être insensible aux soupirs d'une
                                        [amante ?
Par un peu de remise [1] épargnons son ennui,
Pour faire en plein repos ce qu'il trouble
                                        [aujourd'hui.

NÉARQUE

25 Avez-vous cependant une pleine assurance
D'avoir assez de vie ou de persévérance,
Et Dieu qui tient votre âme et vos jours dans sa
                                        [main,
Promet-il à vos vœux de le pouvoir demain ?
Il est toujours tout juste et tout bon, mais sa grâce
30 Ne descend pas toujours avec même efficace [2].
Après certains moments que perdent nos longueurs,
Elle quitte ces traits qui pénètrent les cœurs,
Le nôtre s'endurcit, la repousse, l'égare,
Le bras qui la versait en devient plus avare
35 Et cette sainte ardeur qui doit porter au bien
Tombe plus rarement ou n'opère plus rien.
Celle [3] qui vous pressait de courir au baptême,
Languissante déjà, cesse d'être la même,

---

1. Par un peu de délai (en différant le baptême).
2. Avec la même efficacité.
3. La sainte ardeur.

Et pour quelques soupirs qu'on vous a fait ouïr[1],
40 Sa flamme se dissipe et va s'évanouir.

POLYEUCTE

Vous me connaissez mal : la même ardeur me brûle
Et le désir s'accroît quand l'effet[2] se recule.
Ces pleurs, que je regarde avec un œil d'époux,
Me laissent dans le cœur aussi chrétien que vous.
45 Mais pour en recevoir le sacré caractère[3],
Qui lave nos forfaits dans une eau salutaire,
Et qui purgeant notre âme et dessillant nos yeux[4],
Nous rend le premier droit que nous avions aux
[cieux,
Bien que je le préfère aux grandeurs d'un empire,
50 Comme le bien suprême et le seul où j'aspire,
Je crois, pour satisfaire un juste et saint amour,
Pouvoir un peu remettre et différer d'un jour.

POLYEUCTE, *1642,*
acte I, scène première.

Guide de lecture
....

1. **Vous montrerez**   3. **Vous noterez la**
comment s'expriment   **sévérité et la rigidité**
les hésitations de   **religieuse de Néarque.**
Polyeucte.
2. **Comment se ma-**
nifeste son amour pour
sa femme Pauline ?

_____

1. Entendre.
2. La concrétisation (ici, le baptême).
3. La marque sacrée.
4. Ouvrant nos yeux.

NICOMÈDE (1651). Cette tragédie se déroule durant l'Antiquité, en Bythinie, une région d'Asie Mineure, alliée de Rome. Le roi Prusias a deux fils, Nicomède, né d'un premier mariage, et Attale, que lui a donné sa seconde femme Arsinoé. C'est Nicomède qui doit lui succéder. Mais Arsinoé, avec l'appui des Romains, intrigue pour favoriser Attale. À cette rivalité politique s'ajoute une rivalité amoureuse qui oppose les deux demi-frères épris l'un et l'autre de la reine d'Arménie, Laodice. Nicomède triomphera, épousera celle qu'il aime et, magnanime, pardonnera à ses adversaires.

À la scène 3 de l'acte IV, Prusias, par souci de ménager sa femme, son autre fils et Rome, entend imposer un choix à Nicomède : épouser Laodice ou régner. Nicomède lui donne, dans sa réponse, une leçon de dignité et d'autorité.

« Un véritable roi n'est ni mari ni père »

PRUSIAS

Nicomède, en deux mots, ce désordre me fâche[1].
Quoi qu'on t'ose imputer[2], je ne te crois point
[lâche,
Mais donnons quelque chose à Rome, qui se plaint,
Et tâchons d'assurer la Reine qui te craint.
5 J'ai tendresse pour toi, j'ai passion pour elle,

---

1. M'attriste profondément.
2. Quoi qu'on ose t'attribuer.

Et je ne veux pas voir cette haine éternelle,
Ni que des sentiments que j'aime à voir durer
Ne règnent dans mon cœur que pour le déchirer.
J'y veux mettre d'accord l'amour et la nature,
10   Être père et mari dans cette conjoncture...

NICOMÈDE

Seigneur, voulez-vous bien vous en fier à moi ?
Ne soyez l'un ni l'autre.

PRUSIAS

Et que dois-je être ?

NICOMÈDE

Roi.

Reprenez hautement ce noble caractère,
Un véritable roi n'est ni mari ni père,
15   Il regarde son trône, et rien de plus : régnez.
Rome vous craindra plus que vous ne la craignez.
Malgré cette puissance et si vaste et si grande,
Vous pouvez déjà voir comme elle m'appréhende[1],
Combien en me perdant elle espère gagner,
20   Parce qu'elle prévoit que je saurai régner.

PRUSIAS

Je règne donc, ingrat, puisque tu me l'ordonnes.
Choisis, ou Laodice, ou mes quatre couronnes.
Ton Roi fait ce partage entre ton frère et toi :
Je ne suis plus ton père, obéis à ton Roi.

NICOMÈDE

25   Si vous étiez aussi le roi de Laodice,
Pour l'offrir à mon choix avec quelque justice,

---

1. Comme elle me craint.

Je vous demanderais le loisir d'y penser.
Mais enfin pour vous plaire, et ne pas l'offenser,
J'obéirai, Seigneur, sans répliques frivoles[1],
30 À vos intentions, et non à vos paroles.
À ce frère si cher transportez[2] tous mes droits,
Et laissez Laodice en liberté du choix.
Voilà quel est le mien.

PRUSIAS

Quelle bassesse d'âme,
35 Quelle fureur t'aveugle en faveur d'une femme ?
Tu la préfères, lâche, à ces prix glorieux
Que ta valeur unit au bien de tes aïeux !
Après cette infamie es-tu digne de vivre ?

NICOMÈDE

Je crois que votre exemple est glorieux à suivre :
40 Ne préférez-vous pas une femme à ce fils
Par qui tous ces États aux vôtres sont unis[3] ?

PRUSIAS

Me vois-tu renoncer pour elle au diadème[4] ?

NICOMÈDE

Me voyez-vous pour l'autre y renoncer moi-même ?
Que cédé-je à mon frère en cédant vos États ?
45 Ai-je droit d'y prétendre avant votre trépas ?
Pardonnez-moi ce mot, il est fâcheux à dire,
Mais un monarque enfin comme un autre homme
[expire,

_____

1. Inutiles, superflues.
2. Transférez.
3. Nicomède, par sa bravoure, a contribué à agrandir le royaume de son père.
4. Bandeau, symbole du pouvoir royal.

Et vos peuples alors, ayant besoin d'un Roi,
Voudront choisir peut-être entre ce Prince et moi.
50 Seigneur, nous n'avons pas si grande ressemblance
Qu'il faille de bons yeux pour y voir différence,
Et ce vieux droit d'aînesse est souvent si puissant
Que pour remplir un trône il rappelle un absent.
Que si leurs sentiments se règlent sur les vôtres,
55 Sous le joug[1] de vos lois j'en ai bien rangé d'autres,
Et dussent vos Romains en être encor jaloux,
Je ferai bien pour moi ce que j'ai fait pour vous.

NICOMÈDE, *1651,*
acte IV, scène 3.

---

1. Sous la domination.

Guide de lecture

....

1. **Prusias apparaît en
fait comme un être
faible. Vous le montre-
rez.**
2. **Comment se ma-
nifeste et s'explique sa
colère contre son fils ?**
3. **Nicomède est sûr de
lui, de ses droits, de son**
avenir. **Comment cette
confiance s'exprime-
t-elle ? Vous étudierez
ses répliques en notant
que, dans ses concep-
tions et dans son action,
il s'efforce de concilier
ce qui est apparem-
ment contradictoire.**

SERTORIUS (1662). Cette tragédie développe un sujet
complexe qui entrelace problèmes politiques et
intrigues amoureuses. La pièce se déroule au cours de
la guerre civile qui, au Ier siècle av. J.-C., oppose, pour la
conquête du pouvoir, les Romains Sylla et Pompée au

Romain Marius. Le personnage central, Sertorius, fait partie du camp de Marius et bénéficie du soutien de Viriate, la reine de Lusitanie (ancien nom du Portugal). Viriate, autant par raison d'État que par amour, souhaite épouser Sertorius, tout en étant aimée d'un proche de ce dernier, Perpenna. Sertorius, de son côté, préférerait se marier avec la Romaine Aristie que son mari, Pompée, a répudiée pour des raisons politiques. Il choisit finalement Viriate, ce qui provoque la fureur de Perpenna qui le fait assassiner. Mais Pompée, vainqueur d'une bataille décisive, livre Perpenna au peuple, conclut la paix avec Viriate et décide de revenir sur la répudiation de son épouse.

La scène première de l'acte III représente l'ultime entrevue entre Pompée et Sertorius. Sertorius rejette les propositions de ralliement faites par l'allié de Sylla, en considérant que c'est lui qui représente la légalité.

« Rome n'est plus dans Rome, elle est toute où je suis »

SERTORIUS

[...]
Si je commande ici, le sénat[1] me l'ordonne,
Mes ordres n'ont encore assassiné personne.
Je n'ai pour ennemis que ceux du bien commun,

---

1. Assemblée politique sous la République romaine.

Je leur fais bonne guerre, et n'en proscris pas un[1].
5 C'est un asile ouvert que mon pouvoir suprême,
Et si l'on m'obéit, ce n'est qu'autant qu'on m'aime.

POMPÉE

Et votre empire[2] en est d'autant plus dangereux,
Qu'il rend de vos vertus les peuples amoureux,
Qu'en assujettissant vous avez l'art de plaire,
10 Qu'on croit n'être en vos fers qu'esclave volontaire,
Et que la liberté trouvera peu de jour[3]
À détruire un pouvoir que fait régner l'amour.
Ainsi parlent, Seigneur, les âmes soupçonneuses ;
Mais n'examinons point ces questions fâcheuses,
15 Ni si c'est un sénat qu'un amas de bannis
Que cet asile ouvert sous vous a réunis.
Une seconde fois, n'est-il aucune voie
Par où je puisse à Rome emporter quelque joie ?
Elle serait extrême à trouver les moyens
20 De rendre un si grand homme à ses concitoyens.
Il est doux de revoir les murs de la patrie :
C'est elle par ma voix, Seigneur, qui vous en prie ;
C'est Rome...

SERTORIUS

Le séjour de votre potentat[4],
Qui n'a que ses fureurs pour maximes d'État ?
25 Je n'appelle plus Rome un enclos de murailles
Que ses proscriptions comblent de funérailles.

---

1. Je n'en bannis aucun.
2. Votre pouvoir.
3. Peu de possibilité.
4. Souverain absolu. Il s'agit de Sylla.

Ces murs, dont le destin fut autrefois si beau,
N'en sont que la prison, ou plutôt le tombeau ;
Mais, pour revivre ailleurs dans sa première force,
30 Avec les faux Romains elle a fait plein divorce ;
Et, comme autour de moi j'ai tous ces vrais appuis,
Rome n'est plus dans Rome, elle est toute où je
                                                  [suis.
Parlons pourtant d'accord. Je ne sais qu'une voie
Qui puisse avec honneur nous donner cette joie.
35 Unissons-nous ensemble, et le tyran est bas[1] :
Rome à ce grand dessein ouvrira tous ses bras.
Ainsi nous ferons voir l'amour de la patrie,
Pour qui vont les grands cœurs jusqu'à l'idolâtrie ;
Et nous épargnerons ces flots de sang romain
40 Que versent tous les ans votre bras et ma main.

SERTORIUS, *1662,*
acte III, scène première.

Guide de lecture

1. **Vous montrerez que tous les propos de Sertorius développent ce vers : « Rome n'est plus dans Rome, elle est toute où je suis. »**
2. **Vous mettrez en parallèle les concep-** tions du pouvoir exprimées par Sertorius et par Pompée.
3. **Comment se manifeste le respect que se portent mutuellement Pompée et Sertorius ?**

---

1. Le tyran est renversé.

Entre baroque et classicisme

L a littérature des années 1630-1661 est fortement contrastée. Le baroque continue à
exercer son influence, notamment dans la préciosité et dans le burlesque. Mais déjà s'annonce le
classicisme : il impose peu à peu la modération et
la raison, qui se font particulièrement sentir dans
le théâtre et dans la littérature d'idées.

Le raffinement précieux

L e monde désœuvré des milieux sociaux favo-
risés et des salons mondains, qui développe
l'art de la conversation et qui accorde une place
essentielle aux jeux de l'amour, est propice à la
naissance de la préciosité. Les précieux ont une
conception éthérée, spirituelle de l'amour. L'être
aimé, présenté comme parfait, est idéalisé. Sa
beauté, sans pareille, défie toutes les comparaisons : la belle matineuse de Voiture surpasse le
soleil lui-même (voir p. 82), la belle esclave more
de Tristan l'Hermite rayonne de tous ses feux
(voir p. 84).

Sa perfection rend la femme inaccessible et
cruelle. Pour la séduire, l'amant doit multiplier

les attentions et les soins, comme l'impose l'itinéraire de la Carte de Tendre imaginée par Madeleine de Scudéry (voir p. 80). Mais c'est au prix de la liberté et, ainsi que le note Tristan l'Hermite, l'amour fait de celui qui l'éprouve un esclave : « Entre ces noires mains je mets ma liberté » ; « Une More m'embrase, une esclave me dompte » (voir p. 85).

Heureusement, le badinage, la légèreté vient démystifier les douleurs de la passion contrariée : la Carte de Tendre fonctionne ainsi comme un jeu de société à l'usage des habitués de la cour et des salons (voir p. 80).

Pour rendre compte des nuances infinies des sentiments, les écrivains précieux recourent à toutes les ressources de l'expression. Ils affichent une prédilection pour le vocabulaire abstrait, apte à dégager l'esprit même de leur pensée en évitant de tomber dans un concret jugé grossier (voir p. 80). Ils usent de la périphrase, qui leur permet de suggérer plutôt que de s'exprimer directement, prosaïquement (voir p. 84). Ils poussent jusqu'à son extrême l'art de la pointe, qui consiste à achever un poème et, en particulier, un sonnet, sur un effet brillant, inattendu ; Voiture termine ainsi « la Belle Matineuse » sur un vers qui assimile Philis au soleil : « Et l'on crut que Philis était l'astre du jour » (p. 83).

Les précieux abusent également de l'hyperbole, de l'exagération, destinée à exalter la perfection de l'être aimé : la belle esclave more de

Tristan l'Hermite est une « merveille divine inconnue à notre âge » (voir p. 85). Ils raffolent de l'antithèse, qui consiste à unir des éléments contradictoires : Tristan l'Hermite s'étonne, en parlant de l'esclave noire, « Qu'un objet ténébreux luise si clairement ! » (voir p. 85). Ils cultivent avec délection les métaphores, les assimilations, comme Madeleine de Scudéry qui, dans la Carte de Tendre, décrit l'itinéraire du parfait amant, dont les attentions deviennent des villages qu'il doit traverser pour gagner l'amour de celle qu'il aime (voir p. 80).

Le burlesque, expression des contradictions quotidiennes

L es burlesques prennent le contre-pied des précieux. Ce sont des réalistes, alors que les précieux sont des idéalistes. Ils accordent donc une grande importance à ce qui relève de la matière, à ce qui appartient au corps humain, aux réalités quotidiennes : dans « Orgie », par exemple, Saint-Amant utilise un vocabulaire familier pour évoquer les plaisirs de la boisson (voir p. 86).

Les burlesques mettent en œuvre tout un ensemble d'oppositions, pour rendre compte des contradictions du monde multiple et trouble où ils vivent. Ils emploient un style bas pour traiter des sujets sublimes, comme Scarron, lorsque, dans le Roman comique, il attribue aux chevaux du soleil un comportement qui relève du quotidien (voir p. 89). Ils montrent l'abîme qui sépare souvent ce qu'est une réalité de ce qu'elle paraît : Cyrano de Bergerac révèle ainsi le caractère horrible des coutumes d'ensevelissement auxquelles les Français sont habitués (voir p. 99). Ou, encore, ils ridiculisent les efforts entrepris par l'homme pour parvenir à un résultat, en représentant l'échec brutal et complet qui vient tout compromettre : malgré ses efforts, Ragotin, dans *le Roman comique,* ne peut empêcher le bélier de le mettre à mal (voir p. 92).

La construction du théâtre régulier

Dans le domaine théâtral, cette période est une période de transition où s'accomplit le passage progressif d'un théâtre irrégulier à un théâtre régulier. Ce théâtre, qu'on appelle aussi le théâtre classique, doit obéir à un certain nombre de règles :

— il respecte l'unité d'action, c'est-à-dire se construit autour d'une intrigue principale qui ne doit jamais être perdue de vue ;

— il s'inscrit dans l'unité de temps, qui impose à la fiction d'occuper une durée proche de celle de la représentation et, donc, ne pas excéder la limite des vingt-quatre heures ;

— il applique l'unité de lieu, qui enferme le déroulement de l'action dans un lieu unique et clos ;

— il adopte l'unité de ton, refuse le mélange des genres et ne reconnaît que la tragédie, genre entièrement sérieux, ou la comédie, genre entièrement détendu ;

— enfin, l'auteur de pièces de théâtre régulières se doit de respecter les vraisemblances et les bienséances : voilà qui l'empêche de représenter sur scène ce qui pourrait choquer les certitudes intellectuelles ou morales des spectateurs et qui lui interdit, en particulier, de montrer tout acte de violence comme un duel ou une bataille.

Corneille, dont la carrière théâtrale débute en 1629 et s'achève en 1674, accompagne cette évolution. Il pratique d'abord le théâtre irrégulier, baroque, comme dans *l'Illusion comique* (voir p. 110), écrit des tragi-comédies, comme *le Cid* (voir p. 113), puis, peu à peu, se convertit à la tragédie régulière. Mais il considère les règles avec un certain recul : s'il les respecte dans la lettre, il refuse d'en être esclave et se donne la possibilité, comme il le dit lui-même dans « l'Épître » de *la Suivante,* de « les apprivoiser adroitement avec notre théâtre ». Le style de Corneille se situe également entre baroque et classicisme. Ses héros sont fortement personnalisés et obéissent à des motivations individuelles. Mais ces motivations s'inscrivent dans une perspective collective, font intervenir la raison au détriment du désir. Et Corneille excelle dans l'expression de vérités générales, qui prennent place dans des formules concises, les sentences : « Mais qui peut vivre infâme est indigne du jour » (*le Cid*, I, 5, voir p. 116) ; « Un véritable roi n'est ni mari ni père » (*Nicomède*, IV, 3, voir p. 127).

Durant la période suivante, le théâtre régulier s'affirmera, avec Molière et Racine. Dans ce cadre rigide, ils réussiront, chacun à leur manière, à élaborer des œuvres personnelles où ils mettront en scène la complexité, la diversité des situations et des comportements humains.

Les voies diverses de la recherche de la vérité

Dans la littérature d'idées, la raison classique tend à s'imposer, mais une variété toute baroque diversifie les solutions adoptées dans la recherche de la vérité.

La pensée libertine met radicalement en cause la vision religieuse traditionnelle du monde, en expliquant tout par la matière, en contestant les pratiques de la religion, en privilégiant la vie terrestre et ses plaisirs. Elle est notamment représentée par Cyrano de Bergerac, qui vulgarise cette conception dans ses deux romans (voir p. 95). La fantaisie qu'il y déploie, en présentant, par exemple, des inventions comme la fusée interplanétaire à étages (voir p. 96), lui permet de relativiser et de démystifier les coutumes et l'organisation sociale de son époque (voir p. 99).

Deux penseurs apportent, par ailleurs, une contribution essentielle à la compréhension et à l'interprétation du monde. Descartes, en partant d'une remise en cause des connaissances jusqu'alors considérées comme intangibles, pose le fameux « Je pense, donc je suis » (voir p. 60) et met au point une méthode rigoureuse d'analyse qui repose sur la déduction et sur la raison. De son côté, Pascal, dans les *Pensées,* fait appel, à la fois, à la raison et à l'intuition, pour essayer, en communion avec Dieu, de saisir le monde. En un style lyrique, il montre comment l'homme, trompé par son imagination (voir p. 63), égaré entre les deux infinis (voir p. 67), s'adonne, en vain, au divertissement pour échapper à son angoisse (voir p. 70), alors qu'il devrait se consacrer à la pensée et à la recherche de Dieu (voir p. 73).

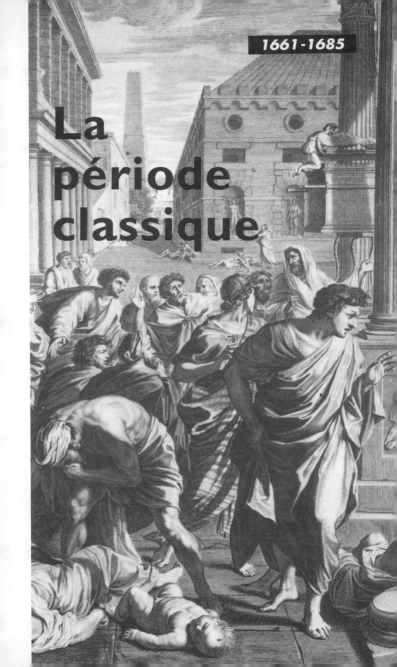

La période classique

Le triomphe de la monarchie et du classicisme

Louis XIV, roi tout-puissant

C'est entre 1661 et 1685 que s'installe et s'affirme ce qu'on appelle la monarchie absolue. En 1661, Louis XIV, alors âgé de vingt-trois ans, décide de gouverner par lui-même. La mort du puissant ministre Mazarin lui donne la possibilité de réaliser cette ambition. Durant ces vingt-cinq années, il entreprend de construire l'unité du pays et travaille à la grandeur de son royaume.

Pour parvenir à ce but, il veille à l'élimination des contre-pouvoirs qui lui font ombrage : il prive ainsi la noblesse des responsabilités gouvernementales, qu'il confie à la bourgeoisie. Ou, encore, il fait condamner à la prison à perpétuité Fouquet, son ministre des Finances, dont la puissance et la richesse lui paraissent dangereuses (1664).

Également soucieux de l'unité religieuse, Louis XIV combat, à la fois, les protestants et les sectes catholiques.

La puissance d'un pays dépend de son étendue géographique : le monarque agrandit la France, en annexant la Flandre (1668) et la Franche-

Comté (1678). Elle est aussi liée à la prospérité : Louis XIV confie le développement économique du royaume à Colbert.

Le roi, enfin, est conscient de l'importance de la culture : il en fait un domaine de l'État, en distribuant des pensions aux créateurs et en fondant de nouvelles académies destinées à organiser les sciences, les arts et les lettres (Académie des inscriptions et belles-lettres, 1663 ; Académie des sciences, 1666).

Une société normalisée

Dans le domaine social, la normalisation s'impose également peu à peu. Alors que, durant la première partie du XVIIe siècle, les extravagances de comportement et la fantaisie étaient acceptées et même parfois appréciées, il s'établit progressivement des règles de plus en plus rigides. Chacun doit se situer à l'intérieur de cadres bien déterminés. La singularité n'est plus admise ; elle est dénoncée comme étant anormale.

La cour royale et les nombreux salons mondains qui s'organisent à Paris élaborent un modèle, celui de l'« honnête homme », auquel il convient de se conformer. Personnage universel, l'honnête homme se distingue par sa faculté d'adaptation : il doit pouvoir faire bonne figure en toute circonstance. Pour atteindre ce résultat, il lui faut proscrire la spécialisation excessive, la trop grande technicité et avoir, au contraire, des connaissances sur tous les sujets. Voilà qui lui permettra de ne pas tomber dans le pédantisme et de briller au cours des conversations, dont la pratique devient un véritable art. Mais il le fera sans ostentation, dans le but de plaire à ses interlocuteurs et non de se mettre en avant. La juste mesure, la modération sont deux grandes règles de conduite pour l'« honnête homme ». Ainsi se construit une société homogène, et ceux qui s'écartent de ces règles en sont rejetés. C'est pour cette société qu'écrivent les auteurs de cette génération que l'on appellera plus tard « classique ».

La génération classique

D urant ce quart de siècle — de 1661 à 1685 — se développe en effet le classicisme, auquel on assimile souvent, à tort, l'ensemble du XVIIᵉ siècle. C'est dans le cadre de la monarchie absolue que s'impose une littérature d'ordre, soumise à des règles précises, attachée à l'essentiel plutôt qu'au détail, à la recherche de la concision et de la clarté de l'expression plutôt qu'à celle de l'amplification et de l'abondance (comme c'était le cas dans la période baroque). Alors fleurissent une multitude d'auteurs de talent.

Mais cette prédominance du classicisme ne signifie pas uniformité. Si les écrivains de cette période sont unis par un certain nombre de constantes (voir p. 278) qui font d'eux des « classiques », ils proposent des réalisations diverses, qui dépendent, à la fois, de leur personnalité et des genres pratiqués.

La régularité (l'obéissance à des règles) l'emporte dans le théâtre, mais elle souffre encore des exceptions. Et la comédie, illustrée par Molière (1622-1673), se propose de mettre en scène les caractères et les mœurs de l'époque, alors que la tragédie, où se distingue Racine (1639-1699), s'intéresse à la destinée de l'homme de tous les temps et puise ses sources dans l'Antiquité.

Dans le roman, la modération et la simplicité tendent à s'affirmer, mais idéalisme et réalisme continuent à se développer de façon parallèle : Guilleragues (1628-1685), dans les *Lettres d'une religieuse portugaise* (1669), et madame de La Fayette (1634-1693), dans *la Princesse de Clèves* (1678), décrivent, en une perspective tragique, les souffrances de l'amour ; Furetière (1619-1688), dans *le Roman bourgeois* (1666), fait, à la manière de la comédie, une peinture réaliste des mœurs des bourgeois parisiens.

Si la raison vient réfréner l'inspiration poétique et si Boileau (1636-1711) tend à sacrifier l'imagination à la technique, La Fontaine (1621-1695), dans ses *Fables* (1668-1696), parvient à exprimer un lyrisme personnel.

Quant à la littérature d'idées, florissante, elle adopte une expression destinée à plaire à l'honnête homme, tout en prenant des formes et des orientations diverses. Ainsi, le chevalier de Méré (1607-1684) met en scène des entretiens familiers et détendus (*Conversations,* 1668). La Rochefoucauld (1613-1680) utilise la maxime (voir p. 245) pour exprimer sa conception de l'homme (*Maximes,*, 1664). Dans ses *Lettres* (1640-1696), la marquise de Sévigné (1626-1696) traite les sujets les plus variés. Le cardinal de Retz (1613-1679) rédige des *Mémoires* (1675-1679) pour exposer les événements marquants de son temps et justifier son comportement politique. Le libertin (voir p. 139) Saint-Évremond (1613-1703), dans les *Réflexions sur les divers génies du peuple romain* (rédigées vers 1664), s'efforce de fournir des interprétations objectives de l'histoire. Bossuet (1627-1704) exalte sa foi dans des sermons et des oraisons funèbres d'un grand lyrisme.

MOLIÈRE   *(1622-1673)*

L'APPRENTISSAGE THÉÂTRAL. De son vrai nom Jean-Baptiste Poquelin, Molière naît à Paris en 1622. Il devrait succéder à son père, un riche tapissier. Mais, après des études de droit, qu'il achève en 1642, il décide de s'engager dans une carrière théâtrale : en 1643, il fonde, avec la famille Béjart, l'Illustre Théâtre. Mais cette troupe fait faillite et Molière est incarcéré pour dettes (1645). Il ne renonce pas pour autant et, dès sa sortie de prison, à l'automne 1645, il s'engage dans une troupe itinérante. Il parcourt les provinces françaises et fait son apprentissage d'homme de théâtre. Il commence également à écrire et compose surtout des farces, courtes pièces au gros comique, comme *la Jalousie du barbouillé*.

LA CONSÉCRATION ET LES ÉPREUVES. Après treize ans de cette vie errante, Molière vient jouer à Paris en 1658 et donne un spectacle au roi, qui est séduit par sa verve comique. Il s'installe alors définitivement dans la capitale et *les Précieuses ridicules* (1659) constituent son premier grand succès. Comédien et directeur de troupe, Molière est également un auteur avisé qui sait varier les registres comiques de ses pièces. Il fait ainsi se succéder des farces, comme *Sganarelle* (1660), des divertissements de cour à grand spectacle, comme *les Fâcheux* (1661), des comédies plus ambitieuses qui mettent en scène les ridicules et les défauts de ses contemporains, comme *l'École des femmes* (1662).

C'est alors que vient le temps des épreuves. Son succès fait des jaloux. Les bien-pensants critiquent violemment *l'École des femmes* (1662), *le Tartuffe* (1664) et *Dom Juan* (1665), qu'ils jugent offensants pour la religion. Par ailleurs, Molière souffre à cette époque des infidélités de sa jeune femme, Armande Béjart, qui a vingt ans de moins que lui, et commence à subir les effets de la maladie cardio-pulmonaire qui l'emportera.

Ces déboires le conduisent à se réfugier dans une activité frénétique de création, mais il évite désormais les sujets dangereux. Après *le Misanthrope* (1666), il compose des pièces à grand spectacle, comme *le Bourgeois gentilhomme* (1670), des farces, comme *les Fourberies de Scapin* (1671), ou des comédies construites autour d'un caractère central (voir « comédie de caractère », p. 316), comme *l'Avare* (1668), *les Femmes savantes* (1672) ou *le Malade imaginaire*. C'est au cours d'une représentation de cette dernière œuvre qu'il meurt en 1673.

La Jalousie du barbouillé (entre 1645 et 1658). Molière a écrit *la Jalousie du barbouillé* alors qu'il était comédien ambulant. Le sujet de cette courte pièce en un acte est très simple : le barbouillé est jaloux de sa jeune épouse, Angélique, que courtise Valère. C'est là le thème traditionnel de la farce, prétexte au développement d'un gros comique : jeux de mots, plaisanteries douteuses, poursuites, coups, chutes, gesticulations se succèdent frénétiquement.

À la scène 6, le barbouillé et Gorgibus, son beau-père, prennent à témoin le Docteur du désaccord qui oppose Angélique à son mari. Voilà qui donne l'occasion à ce personnage, qui n'est pas un médecin, mais un universitaire, de montrer son pédantisme, sa vanité et sa stupidité.

« Laissez-moi donc parler »

Le Docteur. Qu'est ceci ? quel désordre ! quelle querelle ! quel grabuge ! quel vacarme ! quel bruit ! quel différend ! quelle combustion ! Qu'y a-t-il, messieurs ? Qu'y a-t-il ? Qu'y a-t-il ? Çà, çà, voyons
5 un peu s'il n'y a pas moyen de vous mettre d'accord, que je sois votre pacificateur, que j'apporte l'union chez vous.

Gorgibus. C'est mon gendre et ma fille qui ont eu bruit ensemble[1].

10 Le Docteur. Et qu'est-ce que c'est ? voyons, dites-moi un peu la cause de leur différend.

Gorgibus. Monsieur...

Le Docteur. Mais en peu de paroles.

Gorgibus. Oui-da. Mettez donc votre bonnet.

15 Le Docteur. Savez-vous d'où vient le mot bonnet ?

Gorgibus. Nenni[2].

---

1. Qui se sont disputés.
2. Non ; négation renforcée, un peu archaïque à l'époque.

LE DOCTEUR.   Cela vient de *bonum est*[1], « bon est,
voilà qui est bon », parce qu'il garantit des ca-
20 tarrhes[2] et fluxions[3].

GORGIBUS.   Ma foi, je ne savais pas cela.

LE DOCTEUR.   Dites donc vite cette querelle.

GORGIBUS.   Voici ce qui est arrivé...

LE DOCTEUR.   Je ne crois pas que vous soyez homme
25 à me tenir longtemps, puisque je vous en prie. J'ai
quelques affaires pressantes qui m'appellent à la
ville ; mais pour remettre la paix dans votre famille,
je veux bien m'arrêter un moment.

GORGIBUS.   J'aurai fait en un moment.

30 LE DOCTEUR.   Soyez donc bref.

GORGIBUS.   Voilà qui est fait incontinent[4].

LE DOCTEUR.   Il faut avouer, monsieur Gorgibus,
que c'est une belle qualité que de dire les choses en
peu de paroles, et que les grands parleurs, au lieu de
35 se faire écouter, se rendent le plus souvent si importuns qu'on ne les entend point : *Virtutem primam esse
puta compescere linguam*[5]. Oui, la plus belle qualité
d'un honnête homme, c'est de parler peu.

GORGIBUS.   Vous saurez donc...

---

1. Phrase en latin.
2. Inflammations des muqueuses, rhumes.
3. Fluxion de poitrine, affection pulmonaire.
4. Immédiatement.
5. Phrase en latin, qui signifie « Sache que la première vertu consiste à tenir sa langue ».

40 LE DOCTEUR. Socrate[1] recommandait trois choses fort soigneusement à ses disciples : la retenue dans les actions, la sobriété dans le manger, et de dire les choses en peu de paroles. Commencez donc, monsieur Gorgibus.

45 GORGIBUS. C'est ce que je veux faire.

LE DOCTEUR. En peu de mots, sans façon, sans vous amuser à beaucoup de discours, tranchez-moi d'un apophtegme[2], vite, vite, monsieur Gorgibus, dépêchons, évitez la prolixité[3].

50 GORGIBUS. Laissez-moi donc parler.

LE DOCTEUR. Monsieur Gorgibus, touchez là[4] : vous parlez trop ; il faut que quelque autre me dise la cause de leur querelle.

LA JALOUSIE DU BARBOUILLÉ, *entre 1645 et 1658,*
scène 6.

Guide de lecture
••

1. **Vous montrerez que le comportement du docteur est en complète contradiction avec son affirmation :** « Oui, la plus belle qualité d'un honnête homme, c'est de parler peu » (lignes 37-38).

2. **En quoi la première réplique du docteur (lignes 1 à 7) est-elle comique ?**

3. **Comment se manifeste le pédantisme du docteur ?**

---

1. Célèbre philosophe de la Grèce antique.

2. Pensée exprimée de façon concise, brève.

3. Évitez de parler trop longuement.

4. Cette expression, qui marque un accord, une approbation, est utilisée ici de façon ironique et exprime, au contraire, la désapprobation.

L'ÉCOLE DES FEMMES (1662).   Molière montre dans cette comédie en vers le triomphe de la nature sur la contrainte. Arnolphe a recueilli une petite fille, Agnès, dans l'intention de faire d'elle son épouse et lui a donné une éducation destinée à la maintenir dans un état de naïveté totale. Mais, lorsque le temps est venu de l'épouser, il rencontre un rival : le jeune Horace dont Agnès, en toute ingénuité, s'éprend. Après bien des péripéties, les deux jeunes amoureux auront le dernier mot.

Pour protéger l'innocence d'Agnès, Arnolphe a engagé des serviteurs particulièrement lourdauds, Alain et Georgette. Leur sottise produit souvent des effets inattendus, comme à la scène 2 de l'acte 1 : Arnolphe, de retour chez lui, frappe à la porte, mais ne réussit pas à se faire ouvrir, ce qui permet le développement d'un épisode de farce plein de truculence.

« Le plaisant strodagème ! »

ALAIN

Qui heurte[1] ?

ARNOLPHE

      Ouvrez. On aura, que je pense,
Grande joie à me voir après dix jours d'absence.

ALAIN

Qui va là ?

---

1. Qui frappe à la porte ?

ARNOLPHE

Moi.

ALAIN

Georgette !

GEORGETTE

Hé bien ?

ALAIN

Ouvre là-bas.

GEORGETTE

Vas-y, toi.

ALAIN

Vas-y, toi.

GEORGETTE

Ma foi, je n'irai pas.

ALAIN

5 Je n'irai pas aussi.

ARNOLPHE

Belle cérémonie

Pour me laisser dehors ! Holà ! ho ! je vous prie.

GEORGETTE

Qui frappe ?

ARNOLPHE

Votre maître.

GEORGETTE

Alain !

ALAIN

Quoi ?

GEORGETTE

C'est monsieur.
Ouvre vite.

ALAIN

Ouvre, toi.

GEORGETTE

Je souffle notre feu.

ALAIN

J'empêche, peur du chat, que mon moineau ne
[sorte.

ARNOLPHE

10 Quiconque de vous deux n'ouvrira pas la porte
N'aura point à manger de plus de quatre jours.
Ah !

GEORGETTE

Par quelle raison y venir, quand j'y cours ?

ALAIN

Pourquoi plutôt que moi ? Le plaisant strodagème[1] !

GEORGETTE

Ote-toi donc de là.

ALAIN

Non, ôte-toi, toi-même.

GEORGETTE

15 Je veux ouvrir la porte.

ALAIN

Et je veux l'ouvrir, moi.

---

1. Déformation du mot « stratagème ».

GEORGETTE

Tu ne l'ouvriras pas.

ALAIN

Ni toi non plus.

GEORGETTE

Ni toi.

ARNOLPHE

Il faut que j'aie ici l'âme bien patiente !

ALAIN

Au moins, c'est moi, monsieur.

GEORGETTE

Je suis votre servante,

C'est moi.

ALAIN

Sans le respect de monsieur que voilà,

20 Je te...

ARNOLPHE, *recevant un coup d'Alain.*

Peste !

ALAIN

Pardon.

ARNOLPHE

Voyez ce lourdaud-là !

ALAIN

C'est elle aussi, monsieur...

L'ÉCOLE DES FEMMES, *1662,*
acte I, scène 2.

Guide de lecture

1. Le texte qui précède est formé d'une succession très rapide de répliques. Quel effet cette disposition produit-elle ?
2. Un changement subit apparaît dans le comportement des serviteurs. À quel endroit de la scène ? Pour quelle raison ?
3. Vous montrerez comment la balourdise des serviteurs est source de comique.

LE TARTUFFE (1664). Cette pièce en vers, d'abord interdite puis remaniée, n'a été définitivement autorisée qu'en 1669. Elle porte comme sous-titre *l'Imposteur*. Molière indique ainsi clairement quel est son projet. Il met en scène un escroc et un parasite qui, en simulant la dévotion religieuse, s'est attiré les bonnes grâces d'Orgon et fait la loi dans sa maison. Cette dénonciation de l'hypocrisie religieuse est menée sur un fond traditionnel de comédie d'intrigue : deux jeunes gens, la fille d'Orgon, Mariane, et Valère, s'aiment. Mais Orgon veut Tartuffe pour gendre, car la présence de celui-ci satisfait sa monomanie, son obsession de la religion. Après de nombreux rebondissements, Tartuffe sera démasqué et les jeunes amoureux pourront se marier.

Dans ce passage, Orgon, de retour d'un voyage, aborde son beau-frère Cléante, puis interroge la servante Dorine sur ce qui s'est passé durant son absence. Il apparaît beaucoup plus préoccupé de la santé de Tartuffe, qui se porte comme un charme, que de celle de son épouse Elmire qui, elle, a été réellement malade.

« Le pauvre homme ! »

ORGON

Ah ! mon frère, bonjour.

CLÉANTE

Je sortais, et j'ai joie à vous voir de retour.
La campagne à présent n'est pas beaucoup fleurie.

ORGON

Dorine... Mon beau-frère, attendez, je vous prie.
5 Vous voulez bien souffrir[1], pour m'ôter de souci,
Que je m'informe un peu des nouvelles d'ici.
À Dorine.
Tout s'est-il, ces deux jours, passé de bonne sorte ?
Qu'est-ce qu'on fait céans[2] ? comme[3] est-ce qu'on
[s'y porte ?

DORINE

Madame eut avant-hier la fièvre jusqu'au soir,
10 Avec un mal de tête étrange à concevoir[4].

ORGON

Et Tartuffe ?

DORINE

Tartuffe ! il se porte à merveille,
Gros et gras, le teint frais, et la bouche vermeille.

ORGON

Le pauvre homme !

------

1. Supporter, accepter.
2. Ici.
3. Comment.
4. À imaginer, à comprendre

DORINE

Le soir elle eut un grand dégoût[1],
15 Et ne put, au souper, toucher à rien du tout,
Tant sa douleur de tête était encor cruelle !

ORGON

Et Tartuffe ?

DORINE

Il soupa, lui tout seul, devant elle ;
Et fort dévotement il mangea deux perdrix,
Avec une moitié de gigot en hachis.

ORGON

20 Le pauvre homme !

DORINE

La nuit se passa tout entière
Sans qu'elle pût fermer un moment la paupière ;
Des chaleurs l'empêchaient de pouvoir sommeiller,
Et jusqu'au jour, près d'elle, il nous fallut veiller.

ORGON

Et Tartuffe ?

DORINE

Pressé d'un sommeil agréable,
25 Il passa dans sa chambre au sortir de la table ;
Et dans son lit bien chaud il se mit tout soudain,
Où, sans trouble, il dormit jusques au lendemain.

ORGON

Le pauvre homme !

---

1. Un grand écœurement, un grand mal de cœur.

DORINE

À la fin, par nos raisons gagnée,
Elle se résolut à souffrir la saignée ;
30 Et le soulagement suivit tout aussitôt.

ORGON

Et Tartuffe ?

DORINE

Il reprit courage comme il faut ;
Et, contre tous les maux fortifiant son âme,
Pour réparer le sang qu'avait perdu madame,
But, à son déjeuner, quatre grands coups de vin.

ORGON

35 Le pauvre homme !

DORINE

Tous deux se portent bien enfin ;
Et je vais à madame annoncer par avance
La part que vous prenez à sa convalescence.

TARTUFFE, *1664,*
acte I, scène 4.

Guide de lecture
....

1. Vous lirez ce texte
en dégageant les réac-
tions contradictoires
d'Orgon aux renseigne-
ments de Dorine
concernant Tartuffe
et Elmire.
2. Pourquoi les répéti-
tions des expressions
« Et Tartuffe ? » et

« Le pauvre homme ! »
sont-elles comiques ?
3. Comment l'ironie
de Dorine se manifeste-
t-elle ?

Dom Juan (1665). Bien que cette pièce ait été appelée
« comédie » par Molière, *Dom Juan* est plutôt une tragi-
comédie, qui mêle comique et tension dramatique.
Deux personnages y occupent une place essentielle :
Dom Juan, un séducteur et un libertin rebelle à toute
autorité (voir p. 139), et son valet Sganarelle, partisan
de la morale traditionnelle. Dom Juan fuit son épouse,
done Elvire, qu'il a abandonnée. Au cours de cette
fuite, il a de nombreuses discussions avec Sganarelle,
ce qui permet aux deux hommes d'exposer leurs
conceptions contradictoires du monde. Ils ont
également l'occasion de les mettre en pratique au
cours des nombreuses rencontres qui marquent leur
errance. Ils auront notamment à faire face à la statue
animée d'un noble que Dom Juan a tué. Elle invitera le
libertin à se repentir et, devant son refus, l'entraînera
dans la mort.

À l'acte V, Dom Juan franchit un degré de plus dans
la contestation des valeurs en ajoutant l'hypocrisie à
ses autres provocations. Il fait croire à son père qu'il
a renoncé à son comportement immoral. Sganarelle
se réjouit de cette nouvelle. Mais son maître le
détrompe : il a joué à l'hypocrite et s'en vante.

« L'hypocrisie est un vice à la mode »

Dom Juan. Il n'y a plus de honte maintenant à cela,
l'hypocrisie est un vice à la mode, et tous les vices
à la mode passent pour vertus. Le personnage

d'homme de bien est le meilleur de tous les personnages qu'on puisse jouer aujourd'hui, et la profession d'hypocrite[1] a de merveilleux avantages. C'est
un art de qui l'imposture[2] est toujours respectée ; et,
quoiqu'on la découvre, on n'ose rien dire contre
elle. Tous les autres vices des hommes sont exposés
à la censure[3], et chacun a la liberté de les attaquer
hautement ; mais l'hypocrisie est un vice privilégié
qui, de sa main, ferme la bouche à tout le monde, et
jouit en repos d'une impunité souveraine. On lie, à
force de grimaces, une société étroite avec tous les
gens du parti[4]. Qui en choque un[5] se les attire tous
sur les bras ; et ceux que l'on sait même agir de
bonne foi là-dessus, et que chacun connaît pour être
véritablement touchés[6], ceux-là, dis-je, sont toujours les dupes des autres ; ils donnent hautement
dans le panneau[7] des grimaciers, et appuient aveuglément les singes de leurs actions. Combien
crois-tu que j'en connaisse qui, par ce stratagème,
ont rhabillé[8] adroitement les désordres de leur jeunesse, qui se sont fait un bouclier du manteau de la
religion, et, sous cet habit respecté, ont la permission d'être les plus méchants hommes du monde ?

---

1. L'hypocrisie.
2. Dont la tromperie.
3. Au blâme.
4. Du parti des hypocrites, des faux dévots.
5. Celui qui en offense un.
6. Touchés par la foi.
7. Dans le piège.
8. Ont arrangé, réparé.

On a beau savoir leurs intrigues, et les connaître
pour ce qu'ils sont, ils ne laissent pas pour cela
d'être en crédit parmi les gens ; et quelque baisse-
30 ment de tête, un soupir mortifié[1], et deux roule-
ments d'yeux, rajustent[2] dans le monde tout ce
qu'ils peuvent faire. C'est sous cet abri favorable
que je veux me sauver, et mettre en sûreté mes affaires. Je ne quitterai point mes douces habitudes ;
35 mais j'aurai soin de me cacher, et me divertirai à petit bruit. Que si je viens à être découvert, je verrai,
sans me remuer, prendre mes intérêts à toute la ca-
bale[3], et je serai défendu par elle envers et contre
tous.

DOM JUAN, *1665,*
acte V, scène 2.

---

1. Le soupir d'un dévot qui s'inflige des mortifications, des privations.
2. Réparent.
3. Au groupe de pression des faux dévots.

Guide de lecture
....

1. **Vous relèverez et
analyserez tous les
termes qui évoquent
la dissimulation.**
2. **Quels avantages**

**Dom Juan trouve-t-il à
être hypocrite ?**
3. **En quoi l'hypocrisie
est-elle « un vice
à la mode » ?**

LE MISANTHROPE (1666).   Le personnage central du *Misanthrope*, Alceste, est amoureux de Célimène, qui a de
nombreux soupirants. Il est lui-même aimé de deux
femmes : la prude Arsinoé et la sincère Éliante. De son

côté, Philinte, l'ami d'Alceste, est épris d'Éliante. Le misanthrope Alceste, obsédé par la sincérité, ne peut supporter la coquetterie et les mondanités de Célimène.
La pièce, qui met en scène les comportements sociaux
face à l'hypocrisie et à la sincérité, s'achève sur la rupture entre Célimène et Alceste et sur le mariage d'É-
liante et de Philinte.

À la scène 3 de l'acte IV, une nouvelle altercation
éclate entre Célimène et Alceste, qui reproche son inconstance à la jeune femme.

« C'est me vouloir du bien d'une étrange manière ! »

CÉLIMÈNE

Allez, vous êtes fou dans vos transports jaloux,
Et ne méritez pas l'amour qu'on [1] a pour vous.
Je voudrais bien savoir qui pourrait me contraindre
À descendre pour vous aux bassesses de feindre ;
5   Et pourquoi, si mon cœur penchait d'autre côté,
Je ne le dirais pas avec sincérité.
Quoi ! de mes sentiments l'obligeante assurance
Contre tous vos soupçons ne prend pas ma
                                   [défense ?
Auprès d'un tel garant [2] sont-ils de quelque poids ?
10 N'est-ce pas m'outrager que d'écouter leur voix ?

---

1. Que j'ai pour vous.
2. Auprès d'une telle caution.

Et, puisque notre cœur fait un effort extrême
Lorsqu'il peut se résoudre à confesser qu'il aime ;
Puisque l'honneur du sexe, ennemi de nos feux[1],
S'oppose fortement à de pareils aveux,
15   L'amant qui voit pour lui franchir un tel obstacle
Doit-il impunément[2] douter de cet oracle[3] ?
Et n'est-il pas coupable, en ne s'assurant pas
À ce qu'on ne dit point qu'après de grands
                                         [combats[4] ?
Allez, de tels soupçons méritent ma colère,
20   Et vous ne valez pas que l'on vous considère.
Je suis sotte, et veux mal à ma simplicité[5]
De conserver encor pour vous quelque bonté ;
Je devrais autre part attacher mon estime,
Et vous faire un sujet de plainte légitime.

ALCESTE

25   Ah ! traîtresse ! mon faible est étrange pour vous ;
Vous me trompez, sans doute[6], avec des mots si
                                         [doux ;
Mais il n'importe, il faut suivre ma destinée :
À votre foi mon âme est toute abandonnée ;
Je veux voir jusqu'au bout quel sera votre cœur,
30   Et si de me trahir il aura la noirceur.

---

1. De notre amour.
2. Sans être puni, sans dommage.
3. De ce signe irréfutable.
4. En n'étant pas certain de ce que l'on ne dit qu'après de grands combats.
5. J'en veux à ma simplicité.
6. Sans aucun doute, certainement.

CÉLIMÈNE

Non, vous ne m'aimez point comme il faut que l'on
[aime.

ALCESTE

Ah ! rien n'est comparable à mon amour extrême ;
Et, dans l'ardeur qu'il a de se montrer à tous,
Il va jusqu'à former des souhaits contre vous.
35 Oui, je voudrais qu'aucun ne vous trouvât
[aimable,
Que vous fussiez réduite en un sort misérable,
Que le ciel, en naissant, ne vous eût donné rien ;
Que vous n'eussiez ni rang, ni naissance[1], ni bien ;
Afin que de mon cœur l'éclatant sacrifice
40 Vous pût d'un pareil sort réparer l'injustice ;
Et que j'eusse la joie et la gloire en ce jour
De vous voir tenir tout des mains de mon amour.

CÉLIMÈNE

C'est me vouloir du bien d'une étrange manière !
Me préserve le ciel que vous ayez matière... !
45 Voici monsieur Du Bois[2] plaisamment figuré[3].

LE MISANTHROPE, *1666*,
acte IV, scène 3.

Guide de lecture
··

1. **Quels arguments Célimène donne-t-elle pour justifier son comportement ?**
2. **Montrez comment** s'exprime l'intensité de la passion chez Alceste.
3. **Caractérisez les propos tenus par Alceste des vers 32 à 42.**

---

1. Ni condition sociale élevée, ni origine noble.
2. Valet d'Alceste.
3. Avec une figure, un aspect plaisants, comiques.

L'Avare (1668).   Cette pièce développe, à nouveau, le schéma de la comédie d'intrigue (voir p. 316). Mais c'est là un prétexte pour mettre en scène et dénoncer, à travers le personnage d'Harpagon, la manie de l'avarice. Deux intrigues sont parallèlement conduites. D'une part, malgré l'amour de sa fille Élise pour Valère, Harpagon veut lui faire épouser le vieil Anselme, parce que ce dernier accepte de renoncer à la dot. D'autre part, il s'oppose à ce que son fils Cléante épouse Mariane, qu'il veut prendre lui-même pour femme. Cette double situation conduit Harpagon à un comportement contradictoire : il continue à être avare envers ses enfants, mais est contraint, véritable déchirement, à des dépenses inhabituelles pour séduire celle qu'il aime. La comédie s'achève sur un dénouement romanesque heureux : Valère et Mariane se révéleront être les enfants d'Anselme et les deux pères, Harpagon et Anselme, consentiront aux mariages souhaités.

À la scène 5 de l'acte I, Harpagon annonce à Valère, qui s'est fait engager comme intendant pour approcher Élise, son intention de donner sa fille en mariage au vieil Anselme.

« Sans dot ! »

Harpagon.   C'est une occasion qu'il faut prendre vite aux cheveux. Je trouve ici un avantage qu'ailleurs je ne trouverais pas ; et il s'engage à la prendre sans dot.

5   Valère.   Sans dot ?

HARPAGON.　Oui.

VALÈRE.　Ah ! je ne dis plus rien. Voyez-vous ? voilà une raison tout à fait convaincante ; il se faut rendre à cela.

10　HARPAGON.　C'est pour moi une épargne[1] considérable.

VALÈRE.　Assurément ; cela ne reçoit point[2] de contradiction. Il est vrai que votre fille peut vous représenter que le mariage est une plus grande affaire

15　qu'on ne peut croire ; qu'il y va d'être heureux ou malheureux toute sa vie ; et qu'un engagement qui doit durer jusqu'à la mort ne se doit jamais faire qu'avec de grandes précautions.

HARPAGON.　Sans dot !

20　VALÈRE.　Vous avez raison ; voilà qui décide tout, cela s'entend. Il y a des gens qui pourraient vous dire qu'en de telles occasions l'inclination d'une fille est une chose, sans doute, où l'on doit avoir de l'égard ; et que cette grande inégalité d'âge, d'hu-

25　meur et de sentiments, rend un mariage sujet à des accidents très fâcheux.

HARPAGON.　Sans dot.

VALÈRE.　Ah ! il n'y a pas de réplique à cela ; on le sait bien. Qui diantre[3] peut aller là contre ? Ce n'est

30　pas qu'il n'y ait quantité de pères qui aimeraient mieux ménager la satisfaction de leurs filles que

---

1. Une économie.
2. Cela n'admet pas.
3. Qui diable.

l'argent qu'ils pourraient donner ; qui ne les vou-
draient point sacrifier à l'intérêt, et chercheraient,
plus que toute autre chose, à mettre dans un ma-
35 riage cette douce conformité [1] qui sans cesse y main-
tient l'honneur, la tranquillité et la joie ; et que...

HARPAGON.   Sans dot !

VALÈRE.   Il est vrai ; cela ferme la bouche à tout.
Sans dot ! Le moyen de résister à une raison comme
40 celle-là ?

L'AVARE, *1668,*
acte I, scène 5.

_____

1. Cette douce harmonie, ces affinités.

Guide de lecture
....

**1. Comment s'exprime
l'avarice d'Harpagon ?
2. Valère n'ose pas
contredire Harpagon. Il
lui donne indirectement
son avis. De quelle
manière ? Quel effet
cela produit-il ?**

**3. Sur quoi repose le
comique de cette
scène ?**

LE BOURGEOIS GENTILHOMME (1670).   Dans cette comédie-ballet, Molière met en scène un marchand enrichi,
monsieur Jourdain, qui, voulant accéder à la noblesse,
s'efforce d'adopter les comportements des aristo-
crates. C'est autour des ridicules de ce parvenu que se
construit la double intrigue de la pièce, qui comporte

des intermèdes chantés et dansés dont Lully composa la musique. D'une part, monsieur Jourdain veut un marquis pour gendre et s'oppose au mariage de sa fille, Lucile, avec celui qu'elle aime, Cléonte. D'autre part, à la grande fureur de sa femme, il fait sa cour à la marquise Dorimène, qui est aimée du comte Dorante. Grâce à l'action du valet rusé Covielle, monsieur Jourdain finit par accepter que sa fille épouse Cléonte, qu'on lui présentera comme étant le fils du Grand Turc, tandis que Dorimène et Dorante annoncent leur mariage.

La scène 9 de l'acte III développe la situation traditionnelle du dépit amoureux. Cléonte, qui croit, à tort, que Lucile ne l'aime plus, exprime sa rancœur à son valet Covielle. Il ne peut cependant s'empêcher de manifester son amour pour la jeune fille.

« On souffre tout des belles »

CLÉONTE.   Donne la main à mon dépit[1], et soutiens ma résolution contre tous les restes d'amour qui me pourraient parler pour elle. Dis-m'en, je t'en conjure, tout le mal que tu pourras. Fais-moi de sa
5   personne une peinture qui me la rende méprisable, et marque-moi bien, pour m'en dégoûter, tous les défauts que tu peux voir en elle.

COVIELLE.   Elle, monsieur ? voilà une belle mijaurée,

---

1. Encourage ma rancœur.

une pimpesouée[1] bien bâtie, pour vous donner tant
10   d'amour ! Je ne lui vois rien que de très médiocre ; et
vous trouverez cent personnes qui seront plus
dignes de vous. Premièrement elle a les yeux petits.

CLÉONTE.   Cela est vrai, elle a les yeux petits ; mais
elle les a pleins de feu, les plus brillants, les plus
15   perçants du monde, les plus touchants qu'on puisse
voir.

COVIELLE.   Elle a la bouche grande.

CLÉONTE.   Oui ; mais on y voit des grâces qu'on ne
voit point aux autres bouches ; et cette bouche, en
20   la voyant, inspire des désirs, est la plus attrayante,
la plus amoureuse du monde.

COVIELLE.   Pour sa taille, elle n'est pas grande.

CLÉONTE.   Non ; mais elle est aisée et bien prise[2].

COVIELLE.   Elle affecte une nonchalance dans son
25   parler et dans ses actions.

CLÉONTE.   Il est vrai ; mais elle a grâce à tout cela ;
et ses manières sont engageantes, ont je ne sais
quel charme à s'insinuer dans les cœurs.

COVIELLE.   Pour de l'esprit...

30   CLÉONTE.   Ah ! elle en a, Covielle, du plus fin, du
plus délicat.

COVIELLE.   Sa conversation...

CLÉONTE.   Sa conversation est charmante.

COVIELLE.   Elle est toujours sérieuse.

---

1. Femme d'une prétention ridicule.
2. Elle a de l'aisance et elle est bien faite.

35 CLÉONTE.   Veux-tu de ces enjouements épanouis[1],
de ces joies toujours ouvertes[2]? et vois-tu rien de
plus impertinent que des femmes qui rient à tout
propos ?

COVIELLE.   Mais enfin elle est capricieuse autant
40 que personne du monde.

CLÉONTE.   Oui, elle est capricieuse, j'en demeure
d'accord ; mais tout sied bien[3] aux belles : on
souffre[4] tout des belles.

COVIELLE.   Puisque cela va comme cela, je vois bien
45 que vous avez envie de l'aimer toujours.

CLÉONTE.   Moi ? j'aimerais mieux mourir : et je vais
la haïr autant que je l'ai aimée.

COVIELLE.   Le moyen, si vous la trouvez si parfaite ?

CLÉONTE.   C'est en quoi ma vengeance sera plus
50 éclatante, en quoi je veux faire mieux voir la force de
mon cœur à la haïr, à la quitter, toute belle, toute
pleine d'attraits, tout aimable que je la trouve. La
voici.

Le Bourgeois gentilhomme, *1670,*
acte III, scène 9.

Guide de lecture

1. Montrez que ce texte
est construit sur un jeu
d'oppositions entre les
propos de Cléonte et
ceux de Covielle.

2. Comment le dépit
de Cléonte se ma-
nifeste-t-il ?

3. Comment son
amour s'exprime-t-il ?

---

1. De cette gaieté détendue.
2. De cette joie qui se manifeste sans cesse.
3. Tout va bien.
4. On supporte.

LES FEMMES SAVANTES (1672).   C'est à l'obsession du savoir que Molière s'en prend dans cette pièce en vers. Il y ridiculise trois femmes, Philaminte, sa fille Armande, et sa belle-sœur, Bélise, mais aussi deux hommes, un précieux (voir p. 134), en la personne du « bel esprit » Trissotin, et le savant Vadius, pour leur goût excessif de la connaissance. Il dénonce aussi la faiblesse du chef de famille, Chrysale, totalement soumis à son épouse, Philaminte. Ces deux personnages sont en désaccord quant au choix de leur futur gendre. Le père soutient sa fille Henriette, qui veut épouser Clitandre, tandis que la mère souhaiterait la marier à Trissotin. La fausse annonce de la ruine de la famille révélera la véritable personnalité de Trissotin, attiré par l'argent, ce qui permettra aux deux jeunes amoureux de se marier.

À la scène 2 de l'acte III, les femmes savantes reçoivent Trissotin, qui leur donne lecture d'un poème de sa composition, intitulé *Sonnet à la princesse Uranie, sur sa fièvre.*

« Ah ! que ce *quoi qu'on die* est d'un goût admirable ! »

TRISSOTIN
« Faites-la sortir, quoi qu'on die[1],
De votre riche appartement,
Où cette ingrate insolemment
Attaque votre belle vie. »

―――――――――

1. Quoi qu'on dise.

BÉLISE

5   Ah ! tout doux ! laissez-moi, de grâce, respirer.

ARMANDE

Donnez-nous, s'il vous plaît, le loisir d'admirer.

PHILAMINTE

On se sent[1], à ces vers, jusques au fond de l'âme
Couler je ne sais quoi qui fait que l'on se pâme[2].

ARMANDE

« Faites-la sortir, quoi qu'on die,
10   De votre riche appartement. »
Que « riche appartement » est là joliment dit !
Et que la métaphore est mise avec esprit !

PHILAMINTE

« Faites-la sortir, quoi qu'on die. »
Ah ! que ce « quoi qu'on die » est d'un goût
                        [admirable !
15   C'est, à mon sentiment, un endroit impayable[3].

ARMANDE

De « quoi qu'on die » aussi mon cœur est
                        [amoureux.

BÉLISE

Je suis de votre avis, « quoi qu'on die » est heureux[4].

ARMANDE

Je voudrais l'avoir fait.

---

1. On sent.
2. Que l'on s'évanouit (d'admiration).
3. Un passage qui n'a pas de prix.
4. Heureusement trouvé.

BÉLISE

Il vaut toute une pièce[1].

PHILAMINTE

Mais en comprend-on bien, comme moi, la finesse ?

ARMANDE ET BÉLISE

20   Oh ! oh !

PHILAMINTE

« Faites-la sortir, quoi qu'on die. »
Que de la fièvre on prenne ici les intérêts,
N'ayez aucun égard, moquez-vous des caquets[2],
    « Faites-la sortir, quoi qu'on die,
    Quoi qu'on die, quoi qu'on die. »
25   Ce « quoi qu'on die » en dit beaucoup plus qu'il ne
                         [semble.
Je ne sais pas, pour moi, si chacun me ressemble ;
Mais j'entends là-dessous un million de mots.

BÉLISE

Il est vrai qu'il dit plus de choses qu'il n'est gros.

PHILAMINTE, *à Trissotin.*

Mais quand vous avez fait ce charmant « quoi qu'on
                        [die »,
30   Avez-vous compris, vous, toute son énergie ?
Songiez-vous bien vous-même à tout ce qu'il nous
                        [dit ?
Et pensiez-vous alors y mettre tant d'esprit ?

TRISSOTIN

Hai ! hai !

---

1. Pièce de poésie, poème.
2. Des médisances.

ARMANDE

J'ai fort aussi l'« ingrate » dans la tête[1] »,
Cette ingrate de fièvre, injuste, malhonnête,
Qui traite mal les gens qui la logent chez eux.

LES FEMMES SAVANTES, *1672*
acte III, scène 2.

---

1. « L'ingrate » me fait aussi une forte impression.

Guide de lecture

1. **Vous relèverez les termes qui montrent l'admiration béate des femmes savantes.**
2. **Vous indiquerez les qualités qu'elles appré-** cient dans le poème.
3. **Pourquoi le fait qu'elles mettent en avant « quoi qu'on die » les rend-il ridicules ?**

LE MALADE IMAGINAIRE (1673). Dans cette comédie-ballet, c'est l'obsession de la maladie qui conduit Argan à s'opposer au bonheur de sa fille. Alors qu'Angélique aime Cléante, il veut, par égoïsme, pour être mieux soigné, lui faire épouser le médecin Thomas Diafoirus. La pièce, qui comporte des divertissements chantés et dansés, s'achève sur le mariage des jeunes amoureux : Argan y consent, après avoir été persuadé que la meilleure solution pour lui est de se faire médecin.

À la scène 10 de l'acte III, Toinette, la servante, qui, selon la tradition de la comédie d'intrigue, agit dans l'intérêt des jeunes amoureux, se déguise et donne une consultation burlesque à Argan, pour discréditer ses médecins.

« Le poumon »

TOINETTE.   Donnez-moi votre pouls. Allons donc,
que l'on batte comme il faut. Ahy, je vous ferai bien
aller comme vous devez ! Hoy, ce pouls-là fait l'impertinent ; je vois bien que vous ne me connaissez
5   pas encore. Qui est votre médecin ?

ARGAN.   Monsieur Purgon.

TOINETTE.   Cet homme-là n'est point écrit sur mes
tablettes entre les grands médecins. De quoi dit-il
que vous êtes malade ?

10   ARGAN.   Il dit que c'est du foie, et d'autres disent
que c'est de la rate.

TOINETTE.   Ce sont tous des ignorants. C'est du
poumon que vous êtes malade.

ARGAN.   Du poumon ?

15   TOINETTE.   Oui. Que sentez-vous ?

ARGAN.   Je sens de temps en temps des douleurs de
tête.

TOINETTE.   Justement, le poumon.

ARGAN.   Il me semble parfois que j'ai un voile
20   devant les yeux.

TOINETTE.   Le poumon.

ARGAN.   J'ai quelquefois des maux de cœur.

TOINETTE.   Le poumon.

ARGAN.   Je sens parfois des lassitudes par tous les
25   membres.

TOINETTE.   Le poumon.

ARGAN.   Et quelquefois il me prend des douleurs dans le ventre, comme si c'était des coliques.

30   TOINETTE.   Le poumon. Vous avez appétit à ce que vous mangez ?

ARGAN.   Oui, monsieur.

TOINETTE.   Le poumon. Vous aimez à boire un peu de vin ?

ARGAN.   Oui, monsieur.

35   TOINETTE.   Le poumon. Il vous prend un petit sommeil après le repas, et vous êtes bien aise de dormir ?

ARGAN.   Oui, monsieur.

TOINETTE.   Le poumon, le poumon, vous dis-je. Que vous ordonne votre médecin pour votre nourriture ?

40   ARGAN.   Il m'ordonne du potage.

TOINETTE.   Ignorant !

ARGAN.   De la volaille.

TOINETTE.   Ignorant !

ARGAN.   Du veau.

45   TOINETTE.   Ignorant !

ARGAN.   Des bouillons.

TOINETTE.   Ignorant !

ARGAN.   Des œufs frais.

TOINETTE.   Ignorant !

50   ARGAN.   Et le soir, de petits pruneaux pour lâcher le ventre[1].

---

1. Pour faire aller à la selle.

TOINETTE. Ignorant !

ARGAN.   Et surtout, de boire mon vin fort trempé[1].

TOINETTE. *Ignorantus, ignoranta, ignorantum*[2].

Le Malade imaginaire, *1673,*
acte III, scène 10.

Guide de lecture
....

1. **Comment Toinette s'y prend-elle pour déconsidérer les médecins d'Argan ?**

2. **Vous relèverez les répétitions auxquelles se livre Toinette et expliquerez ce qu'elles ont de comique.**

3. **Vous étudierez les réactions d'Argan en vous attachant aux manifestations de sa crédulité.**

_____

1. Vin mélangé avec beaucoup d'eau.

2. Mots latins fantaisistes formés à partir du mot français « ignorant ».

RACINE *(1639-1699)*

UNE ÉDUCATION JANSÉNISTE. Né en 1639 à La Ferté-Milon, Jean Racine n'a que trois ans lorsqu'il devient orphelin. Il est alors élevé par sa grand-mère. Elle lui fait suivre des études à Beauvais, puis aux Petites-Écoles jansénistes (voir p. 318) de l'abbaye de Port-Royal où elle s'était retirée. L'enseignement qu'il y reçoit accorde une place essentielle à l'apprentissage des langues anciennes (latin et grec) et à la pratique d'une piété à la fois rigoureuse et tolérante. Cette formation aura une grande influence sur lui : elle explique, en partie, sa conception d'une tragédie déterminée par une fatalité inexorable. En 1658, il quitte Port-Royal pour mener une vie mondaine à Paris et se consacrer à la poésie.

TREIZE ANS DE CRÉATION THÉÂTRALE. C'est en 1664 que Racine débute sa carrière d'écrivain de théâtre, avec une tragédie, *la Thébaïde,* dont il confie la création sur scène à la troupe de Molière. L'année suivante, il écrit une nouvelle tragédie, *Alexandre le Grand :* il la fait d'abord représenter par la troupe de Molière, puis la lui retire au profit de la troupe rivale de l'Hôtel de Bourgogne. La même année, il rompt avec les jansénistes, auxquels il reproche leurs attaques contre le théâtre. Alors, sur fond de vie sentimentale instable, commence une période d'intense création qui se poursuivra jusqu'en 1677. Il écrit ses principales pièces : *Andromaque,* 1667 ; *Britannicus,* 1669 ; *Bajazet,* 1672 ; *Mithridate,* 1673 ; *Iphigénie,* 1674 et porte la tragédie jusqu'à son point de perfection, en soumettant ses personnages à une fatalité absolue et irréversible. Mais une violente polémique se développe autour de *Phèdre* (1677) et l'incite à abandonner le théâtre.

L'HISTORIEN OFFICIEL DU ROI. La même année, Racine se marie, se réconcilie avec les jansénistes et devient, avec Nicolas Boileau, historiographe du roi, c'est-à-dire l'historien officiel de Louis XIV. Il écrit de nouveau pour le théâtre : en 1689 et 1691, il compose deux tragédies inspirées de sujets bibliques (*Esther* et *Athalie*). Elles sont destinées aux jeunes filles pensionnaires de l'Institution de Saint-Cyr, fondée par madame de Maintenon, épouse secrète du roi depuis 1683.

Racine meurt, en 1699, après avoir consacré les dernières années de sa vie à des activités religieuses et familiales.

ANDROMAQUE (1667). C'est la tragédie type des amours non partagées. L'action se situe après la guerre de Troie et la victoire des Grecs. Le Grec Pyrrhus, fils d'Achille, s'est épris d'Andromaque, la veuve du Troyen Hector qui est devenue sa captive. Il lui promet d'épargner son jeune fils, à condition qu'elle accepte de l'épouser. Pyrrhus est lui-même aimé d'Hermione. Enfin, Oreste, prince grec fils d'Agamemnon, éprouve une passion sans espoir pour Hermione. Quand elle apprend qu'Andromaque accepte d'épouser Pyrrhus, Hermione demande à Oreste, comme preuve d'amour, d'assassiner Pyrrhus. Après le meurtre, Hermione se donne la mort et Oreste, en apprenant son suicide, sombre dans la folie.

   Au début de l'acte V, Hermione affronte un grave cas de conscience : doit-elle persister dans son intention, ou demander à Oreste de renoncer au meurtre ?

« Errante et sans dessein, je cours dans ce palais »

HERMIONE

Où suis-je ? Qu'ai-je fait ? Que dois-je faire encore ?
Quel transport[1] me saisit ? Quel chagrin me
                                          [dévore ?
Errante et sans dessein[2], je cours dans ce palais.
Ah ! ne puis-je savoir si j'aime ou si je hais ?
5 Le cruel ! de quel œil il m'a congédiée :
Sans pitié, sans douleur au moins étudiée[3] !
L'ai-je vu s'attendrir, se troubler un moment ?
En ai-je pu tirer un seul gémissement ?
Muet à mes soupirs, tranquille à mes alarmes,
10 Semblait-il seulement qu'il eût part à mes larmes ?
Et je le plains encore ! Et pour comble d'ennui,
Mon cœur, mon lâche cœur s'intéresse pour[4] lui !
Je tremble au seul penser du coup qui le menace !
Et prête à me venger je lui fais déjà grâce !

---

1. Quel sentiment violent.
2. Sans projet, indécise.
3. Ne serait-ce que feinte, simulée.
4. Prend parti pour.

15 Non, ne révoquons point l'arrêt de mon courroux[1] :
    Qu'il périsse ! aussi bien il ne vit plus pour nous.
    Le perfide triomphe, et se rit de ma rage :
    Il pense voir en pleurs dissiper[2] cet orage ;
    Il croit que, toujours faible, et d'un cœur incertain,
20 Je parerai d'un bras les coups de l'autre main.
    Il juge encor de moi par mes bontés passées.
    Mais plutôt le perfide a bien d'autres pensées :
    Triomphant dans le temple, il ne s'informe pas
    Si l'on souhaite ailleurs sa vie ou son trépas[3].
25 Il me laisse, l'ingrat, cet embarras funeste.
    Non, non, encore un coup, laissons agir Oreste.
    Qu'il meure, puisque enfin il a dû le prévoir,
    Et puisqu'il m'a forcée enfin à le vouloir...
    À le vouloir ? Hé quoi ! c'est donc moi qui
                                        [l'ordonne ?
30 Sa mort sera l'effet de l'amour d'Hermione ?
    Ce prince, dont mon cœur se faisait autrefois
    Avec tant de plaisir redire les exploits ;
    À qui même en secret je m'étais destinée
    Avant qu'on eût conclu ce fatal hyménée[4] !
35 Je n'ai donc traversé tant de mers, tant d'États,
    Que pour venir si loin préparer son trépas,
    L'assassiner, le perdre ? Ah ! devant qu'il expire[5]...

                            ANDROMAQUE, *1667,*
                            acte V, scène première.

_____

1. N'annulons pas le jugement dicté par ma colère.
2. Se dissiper.
3. Sa mort.
4. Ce fatal mariage.
5. Avant qu'il meure.

1. **Vous lirez cette
tirade en repérant
toutes les hésitations et
tous les changements
de décision auxquels se
livre Hermione.**
2. **Relevez les phrases
interrogatives et excla-
matives : quelle est leur
signification et quels
effets créent-elles ?**

3. **Comment l'amour
d'Hermione pour Pyr-
rhus se manifeste-t-il ?**

BRITANNICUS (1669). Comme dans *Andromaque,*
l'amour est ici porteur de souffrance et de mort.
L'action dramatique se déroule à Rome en 56 apr. J.-C.,
dans un contexte politique troublé. Agrippine, après
avoir assassiné l'empereur romain Claude, qui l'avait
épousée en secondes noces, a porté au pouvoir son fils
Néron, au détriment du fils de Claude, Britannicus.
L'enjeu politique qui oppose Néron et Britannicus se
double d'une rivalité amoureuse : les deux hommes
aiment la princesse Junie, qui a donné sa préférence à
Britannicus. Agrippine, par souci d'équilibre, approuve
ce choix. Néron utilise son pouvoir pour essayer de
l'emporter : il enlève Junie, fait arrêter Agrippine et
empoisonner Britannicus. Mais Junie échappe finalement à Néron, en trouvant refuge chez des prêtresses,
les vestales.

À la scène 3 de l'acte II, Néron notifie à Junie sa
volonté de l'épouser.

« Et je veux de ma main vous choisir un époux »

NÉRON

Quoi ! madame, est-ce donc une légère offense
De m'avoir si longtemps caché votre présence ?
Ces trésors dont le ciel voulut vous embellir,
Les avez-vous reçus pour les ensevelir ?
5   L'heureux Britannicus verra-t-il sans alarmes[1]
Croître, loin de nos yeux, son amour et vos
                                        [charmes ?
Pourquoi, de cette gloire exclu jusqu'à ce jour,
M'avez-vous, sans pitié, relégué dans ma cour ?
On dit plus : vous souffrez, sans en être offensée,
10 Qu'il vous ose, madame, expliquer sa pensée,
Car je ne croirai point que sans me consulter
La sévère Junie ait voulu le flatter :
Ni qu'elle ait consenti d'aimer et d'être aimée,
Sans que j'en sois instruit que par la renommée[2].

JUNIE

15 Je ne vous nierai point, seigneur, que ses soupirs
M'ont daigné quelquefois expliquer ses désirs.
Il n'a point détourné ses regards d'une fille
Seul reste du débris[3] d'une illustre famille :
Peut-être il se souvient qu'en un temps plus
                                        [heureux
20 Son père[4] me nomma pour l'objet de ses vœux.

_____

1. Sans inquiétude.
2. Si ce n'est par la rumeur.
3. De la ruine.
4. L'empereur Claude.

Il m'aime ; il obéit à l'empereur son père,
Et j'ose dire encore, à vous, à votre mère [1] :
Vos désirs sont toujours si conformes aux siens...

NÉRON

Ma mère a ses desseins, madame ; et j'ai les miens.
25 Ne parlons plus ici de Claude et d'Agrippine ;
Ce n'est point par leur choix que je me détermine.
C'est à moi seul, madame, à répondre de vous ;
Et je veux de ma main vous choisir un époux.

JUNIE

Ah, seigneur ! songez-vous que toute autre alliance
30 Fera honte aux Césars [2], auteurs de ma naissance !

NÉRON

Non, madame, l'époux dont je vous entretiens
Peut, sans honte, assembler vos aïeux [3] et les siens ;
Vous pouvez, sans rougir, consentir à sa flamme [4].

JUNIE

Et quel est donc, seigneur, cet époux ?

NÉRON

Moi, madame.

JUNIE

35 Vous !

BRITANNICUS, *1669,*
acte II, scène 3.

------

1. Agrippine.
2. Junie fait partie de la famille de l'empereur Auguste.
3. Vos ancêtres.
4. À son amour.

1. Dans le passage qui précède, vous analyserez l'expression de Néron, en montrant qu'elle est faite d'un mélange de douceur et de violence.

2. Quels arguments Junie utilise-t-elle pour convaincre Néron de lui laisser épouser Britannicus ?

3. Vous noterez que la fin du texte (vers 31 à 35) crée un double effet de suspense et de surprise.

BAJAZET (1672). Racine quitte un moment l'Antiquité grecque et latine. L'action dramatique de cette pièce se déroule à Constantinople, en 1635. Elle met en scène un complot fomenté par la sultane Roxane pour éliminer le sultan Amurat, éloigné de sa capitale, et porter au pouvoir le frère d'Amurat, Bajazet, qu'elle aime. Mais Bajazet aime d'un amour partagé la princesse Atalide, que, de son côté, le grand vizir Acomat voudrait épouser pour des raisons politiques. Le complot échouera dans un bain de sang.

À la scène 6 de l'acte V, Atalide, dans une longue tirade, avoue à Roxane son amour pour Bajazet qu'elle lui demande d'épargner.

« J'aurai soin de ma mort ; prenez soin de sa vie »

ATALIDE

Je ne viens plus, madame, à feindre disposée,
Tromper votre bonté si longtemps abusée ;
Confuse et digne objet de vos inimitiés,
Je viens mettre mon cœur et mon crime à vos pieds.
5 Oui, madame, il est vrai que je vous ai trompée :
Du soin de mon amour seulement occupée,
Quand j'ai vu Bajazet, loin de vous obéir,
Je n'ai dans mes discours songé qu'à vous trahir.
Je l'aimai dès l'enfance ; et dès ce temps, madame,
10 J'avais par mille soins su prévenir son âme[1].
La sultane sa mère, ignorant l'avenir,
Hélas ! pour son malheur, se plut à nous unir.
Vous l'aimâtes depuis : plus heureux l'un et l'autre
Si, connaissant mon cœur, ou me cachant le vôtre,
15 Votre amour de la mienne[2] eût su se défier !
Je ne me noircis point pour le justifier.
Je jure par le ciel qui me voit confondue[3],
Par ces grands Ottomans[4] dont je suis descendue,
Et qui tous avec moi vous parlent à genoux
20 Pour le plus pur du sang qu'ils ont transmis en
[nous,
Bajazet à vos soins tôt ou tard plus sensible,
Madame, à tant d'attraits n'était pas invincible.
Jalouse, et toujours prête à lui représenter

---

1. Me le rendre favorable, l'influencer.
2. De mon amour (« amour » est masculin ou féminin au XVIIᵉ siècle).
3. Frappée de stupeur.
4. Membres de la dynastie de sultans fondée par Othman.

Tout ce que je croyais digne de l'arrêter,
25 Je n'ai rien négligé, plaintes, larmes, colère,
Quelquefois attestant les mânes de sa mère[1] ;
Ce jour même, des jours le plus infortuné,
Lui reprochant l'espoir qu'il vous avait donné,
Et de ma mort enfin le prenant à partie,
30 Mon importune ardeur ne s'est point ralentie,
Qu'arrachant malgré lui des gages de sa foi,
Je ne sois parvenue à le perdre avec moi.
Mais pourquoi vos bontés seraient-elles lassées ?
Ne vous arrêtez point à ses froideurs passées :
35 C'est moi qui l'y forçai. Les nœuds[2] que j'ai rompus
Se rejoindront bientôt quand je ne serai plus.
Quelque peine pourtant qui soit due à mon crime,
N'ordonnez pas vous-même une mort légitime,
Et ne vous montrez point à son cœur éperdu
40 Couverte de mon sang par vos mains répandu :
D'un cœur trop tendre encore épargnez la faiblesse.
Vous pouvez de mon sort me laisser la maîtresse,
Madame ; mon trépas n'en sera pas moins prompt.
Jouissez d'un bonheur dont ma mort vous répond[3] ;
45 Couronnez un héros dont vous serez chérie :
J'aurai soin de ma mort ; prenez soin de sa vie.
Allez, madame, allez : avant votre retour,
J'aurai d'une rivale affranchi[4] votre amour.

BAJAZET, *1672,*
acte V, scène 6.

———————————

1. L'esprit de sa mère défunte.
2. Les liens de l'amour.
3. Que ma mort assure, vous garantit.
4. Libéré, débarrassé.

Guide de lecture

1. **Vous lirez ce texte en prenant comme fil directeur l'esprit de sacrifice affiché par Atalide.**

2. **Comment son amour pour Bajazet se manifeste-t-il ?**

3. **Quels arguments donne-t-elle à Roxane pour l'inciter à épargner Bajazet ?**

MITHRIDATE (1673). Cette tragédie est construite autour d'un double enjeu, amoureux et politique. Le vieux roi du Pont (132-63 av. J.-C.), qui donne son nom à la pièce, est en guerre contre les Romains qui convoitent son royaume, une région d'Asie Mineure. Il a deux fils, Pharnace, favorable aux Romains, et Xipharès, qui leur est hostile. Le vieux roi aime Monime et ignore que ses fils l'aiment aussi. Quant à Monime, elle est éprise de Xipharès. Le combat s'engage contre les Romains, que Pharnace a rejoints. Mithridate, maintenant au courant de l'amour de Monime pour Xipharès, envisage de se venger. Mais il y renonce et, blessé au cours de la bataille, il consent, avant de mourir, au mariage entre Monime et Xipharès, qui a vaincu l'armée ennemie.

À la scène 5 de l'acte III, Mithridate, qui a appris l'amour de ses deux fils pour Monime et torturé par la jalousie, tend un piège à la jeune femme, pour essayer de lui faire dire qui elle aime.

« Cessez de tourmenter une âme infortunée »

MITHRIDATE

Enfin j'ouvre les yeux, et je me fais justice :
C'est faire à vos beautés un triste sacrifice,
Que de vous présenter, madame, avec ma foi,
Tout l'âge et le malheur que je traîne avec moi.
5 Jusqu'ici la fortune et la victoire mêmes
Cachaient mes cheveux blancs sous trente
[diadèmes[1].
Mais ce temps-là n'est plus : je régnais, et je fuis.
Mes ans se sont accrus ; mes honneurs sont
[détruits ;
Et mon front, dépouillé d'un si noble avantage,
10 Du temps qui l'a flétri laisse voir tout l'outrage.
D'ailleurs mille desseins[2] partagent mes esprits :
D'un camp prêt à partir vous entendez les cris ;
Sortant de mes vaisseaux, il faut que j'y remonte.
Quel temps pour un hymen[3] qu'une fuite si
[prompte,
15 Madame ! Et de quel front[4] vous unir à mon sort,
Quand je ne cherche plus que la guerre et la mort ?
Cessez pourtant, cessez de prétendre à Pharnace.
Quand je me fais justice, il faut qu'on se la fasse.
Je ne souffrirai point que ce fils odieux,
20 Que je viens pour jamais de bannir de mes yeux,

---

1. Bandeaux, symboles du pouvoir royal.
2. Mille intentions.
3. Pour un mariage.
4. Par quelle audace.

Possédant une amour qui me fut déniée,
Vous fasse des Romains devenir l'alliée.
Mon trône vous est dû : loin de m'en repentir,
Je vous y place même avant que de partir,
25 Pourvu que vous vouliez qu'une main qui m'est
[chère,
Un fils, le digne objet de l'amour de son père,
Xipharès, en un mot, devenant votre époux,
Me venge de Pharnace, et m'acquitte envers vous.

MONIME

Xipharès ! lui, seigneur ?

MITHRIDATE

Oui, lui-même, madame.
30 D'où peut naître à ce nom le trouble de votre âme ?
Contre un si juste choix qui[1] peut vous révolter ?
Est-ce quelque mépris qu'on ne puisse dompter ?
Je le répète encor : c'est un autre moi-même,
Un fils victorieux, qui me chérit, que j'aime,
35 L'ennemi des Romains, l'héritier et l'appui
D'un empire et d'un nom qui va renaître en lui ;
Et quoi que votre amour ait osé se promettre,
Ce n'est qu'entre ses mains que je puis vous
[remettre.

MONIME

Que dites-vous ? Ô ciel ! Pourriez-vous approuver...
40 Pourquoi, seigneur, pourquoi voulez-vous
[m'éprouver ?

---

1. Qu'est-ce qui.

Cessez de tourmenter[1] une âme infortunée :
Je sais que c'est à vous que je fus destinée ;
Je sais qu'en ce moment, pour ce nœud solennel,
La victime[2], seigneur, nous attend à l'autel.
45 Venez.

MITHRIDATE, *1673,*
acte III, scène 5.

---

1. Torturer (sens fort).
2. La victime du sacrifice accompli en l'honneur du mariage.

Guide de lecture

1. Vous montrerez que le texte est construit autour de l'habileté de Mithridate et des hésitations de Monime.

2. Comment la jalousie du roi s'exprime-t-elle ?

3. Vous dégagerez le pathétique de cette sorte de jeu du chat et de la souris. Mithridate souhaite-t-il réellement découvrir la vérité ?

IPHIGÉNIE (1674). Dans cette tragédie, la fatalité divine intervient directement : un oracle révèle à Agamemnon, le chef de l'expédition grecque contre Troie, que seul le sacrifice de sa fille, Iphigénie, fera se lever des vents favorables permettant le départ de sa flotte.

À ce premier schéma, s'ajoute celui, traditionnel, des amours contrariées : cet événement remet en cause le mariage entre Iphigénie et Achille, dont est, par ailleurs, éprise Ériphile. Ce sera, finalement, cette dernière qui sera sacrifiée à la place d'Iphigénie.

Le texte qui suit se situe au tout début de la pièce :
Agamemnon, plongé dans le désarroi (doit-il obéir à
l'oracle et sacrifier sa fille ?), réveille son domestique
Arcas pour lui révéler ce que les dieux exigent de lui.

« Non, tu ne mourras point ; je n'y puis consentir »

AGAMEMNON

Oui, c'est Agamemnon, c'est ton roi qui t'éveille.
Viens, reconnais la voix qui frappe ton oreille.

ARCAS

C'est vous-même, seigneur ! Quel important besoin
Vous a fait devancer l'aurore de si loin ?
5 À peine un faible jour vous éclaire et me guide,
Vos yeux seuls et les miens sont ouverts dans
[l'Aulide[1].
Avez-vous dans les airs entendu quelque bruit ?
Les vents nous auraient-ils exaucés cette nuit ?
Mais tout dort, et l'armée, et les vents, et Neptune[2].

AGAMEMNON

10 Heureux qui, satisfait de son humble fortune[3],
Libre du joug[4] superbe où je suis attaché,
Vit dans l'état obscur où les dieux l'ont caché !

---

1. Territoire de la cité d'Aulis, port situé au nord d'Athènes, où se trouve
l'armée grecque avant d'embarquer pour Troie.
2. Dieu de la Mer.
3. De son humble condition.
4. De la servitude.

ARCAS

Et depuis quand, seigneur, tenez-vous ce langage ?
Comblé de tant d'honneurs, par quel secret outrage
15 Les dieux, à vos désirs toujours si complaisants,
Vous font-ils méconnaître et haïr leurs présents ?
Roi, père, époux heureux, fils du puissant Atrée[1],
Vous possédez des Grecs la plus riche contrée :
Du sang de Jupiter issu de tous côtés,
20 L'hymen vous lie encore aux dieux dont vous
                                              [sortez ;
Le jeune Achille enfin, vanté par tant d'oracles,
Achille, à qui le ciel promet tant de miracles,
Recherche votre fille, et d'un hymen si beau
Veut dans Troie embrasée allumer le flambeau.
25 Quelle gloire, seigneur, quels triomphes égalent
Le spectacle pompeux que ces bords vous étalent ;
Tous ces mille vaisseaux, qui, chargés de vingt rois,
N'attendent que les vents pour partir sous vos lois ?
Ce long calme, il est vrai, retarde vos conquêtes ;
30 Ces vents depuis trois mois enchaînés sur nos têtes
D'Ilion[2] trop longtemps vous ferment le chemin.
Mais, parmi tant d'honneurs, vous êtes homme
                                              [enfin ;
Tandis que[3] vous vivrez, le sort, qui toujours
                                              [change,
Ne vous a point promis un bonheur sans mélange.
35 Bientôt... Mais quels malheurs dans ce billet tracés

---

1. Il était roi de Mycènes.
2. Nom grec servant à désigner Troie.
3. Tant que.

Vous arrachent, seigneur, les pleurs que vous
[versez ?
Votre Oreste[1], au berceau, va-t-il finir sa vie ?
Pleurez-vous Clytemnestre[2] ou bien Iphigénie ?
Qu'est-ce qu'on vous écrit ? daignez m'en avertir.

AGAMEMNON

40 Non, tu ne mourras point ; je n'y puis consentir.

ARCAS

Seigneur...

IPHIGÉNIE, 1674,
acte I, scène première.

---

1. Le fils d'Agamemnon.
2. L'épouse d'Agamemnon.

Guide de lecture

1. **Vous montrerez comment se manifeste le désarroi d'Agamemnon.**

2. **Vous relèverez et expliquerez tous les termes utilisés par Arcas pour souligner la gloire et la grandeur d'Agamemnon.**

3. **Quels renseignements nécessaires à la compréhension de l'action ce texte, qui fait partie de l'exposition, révèle-t-il ?**

PHÈDRE (1677). Dans cette tragédie, la fatalité manifeste toute sa puissance. En l'absence du roi d'Athènes, Thésée, les passions amoureuses interdites trouvent l'occasion de se révéler dans toute leur intensité. D'une part, le fils de Thésée, Hippolyte, malgré son refus viscéral de l'amour, ne peut cacher son attirance pour la princesse Aricie, fille d'un ennemi de son père. D'autre part, Phèdre, la nouvelle épouse de Thésée, languit d'un amour coupable pour son beau-fils Hippolyte, et finit par lui avouer sa passion. Le retour de Thésée précipite le dénouement. Phèdre, en plein désarroi, accuse Hippolyte d'avoir voulu la séduire, ce qui conduit Thésée à demander à Neptune, dieu de la Mer, de le venger. Hippolyte meurt, traîné par ses chevaux qu'un monstre marin a effrayés. Phèdre se suicide, après avoir, mais trop tard, dit la vérité à son mari.

À la scène première de l'acte III, Phèdre exprime à Œnone, sa confidente (voir p. 317), son désespoir, face à l'horreur que l'aveu de son amour a provoquée chez Hippolyte.

« J'ai dit ce que jamais on ne devait entendre »

PHÈDRE

Ah ! que l'on porte ailleurs les honneurs qu'on
[m'envoie :
Importune[1], peux-tu souhaiter qu'on me voie ?
De quoi viens-tu flatter mon esprit désolé ?
Cache-moi bien plutôt : je n'ai que trop parlé.
5   Mes fureurs au-dehors ont osé se répandre :
J'ai dit ce que jamais on ne devait entendre.
Ciel ! comme il m'écoutait ! Par combien de détours
L'insensible a longtemps éludé mes discours[2] !

---

1. Importune que je suis.
2. A longtemps évité de comprendre ce que je voulais dire.

Comme il ne respirait qu'une retraite prompte[1] !
10 Et combien sa rougeur a redoublé ma honte !
Pourquoi détournais-tu mon funeste dessein ?
Hélas ! quand son épée allait chercher mon sein,
A-t-il pâli pour moi ? me l'a-t-il arrachée[2] ?
Il suffit que ma main l'ait une fois touchée,
15 Je l'ai rendue horrible à ses yeux inhumains ;
Et ce fer[3] malheureux profanerait ses mains.

ŒNONE

Ainsi, dans vos malheurs ne songeant qu'à vous
                                    [plaindre,
Vous nourrissez un feu[4] qu'il vous faudrait éteindre.
Ne vaudrait-il pas mieux, digne sang de Minos[5],
20 Dans de plus nobles soins chercher votre repos ;
Contre un ingrat qui plaît[6] recourir à la fuite,
Régner, et de l'État embrasser la conduite ?

PHÈDRE

Moi, régner ! Moi, ranger un État sous ma loi
Quand ma faible raison ne règne plus sur moi !
25 Lorsque j'ai de mes sens abandonné l'empire[7] !
Quand sous un joug[8] honteux à peine je respire !
Quand je me meurs !

---

1. Il n'aspirait qu'à un départ rapide.
2. Phèdre avait essayé de se suicider avec l'épée d'Hippolyte dont elle s'était emparée (acte II, scène 5).
3. Cette épée.
4. Un amour.
5. Phèdre est la fille de Minos, un des juges des Enfers.
6. Qui se plaît à, qui préfère.
7. La maîtrise.
8. Sous une servitude.

ŒNONE

Fuyez.

PHÈDRE

Je ne le puis quitter.

ŒNONE

Vous l'osâtes bannir[1], vous n'osez l'éviter ?

PHÈDRE

Il n'est plus temps : il sait mes ardeurs insensées.
30 De l'austère pudeur les bornes sont passées :
J'ai déclaré ma honte aux yeux de mon vainqueur,
Et l'espoir malgré moi s'est glissé dans mon cœur.
Toi-même, rappelant ma force défaillante,
Et mon âme[2] déjà sur mes lèvres errante,
35 Par tes conseils flatteurs tu m'as su ranimer :
Tu m'as fait entrevoir que je pouvais l'aimer.

PHÈDRE, *1677,*
acte III, scène première.

Guide de lecture
....

I. **Vous lirez ce texte
en montrant qu'il se
construit autour du
désespoir de Phèdre.**
2. **Comment l'amour
de Phèdre pour Hippo-
lyte se manifeste-t-il ?**

3. **Quel réconfort et
quels conseils Œnone
lui apporte-t-elle ?**

---

1. Phèdre avait fait exiler Hippolyte par Thésée, pour ne pas succomber à sa passion.
2. Ma vie.

ATHALIE (1691). C'est, avec *Esther* (1689), une des deux tragédies religieuses écrites par Racine pour les pensionnaires de l'Institution de Saint-Cyr. L'amour en est totalement exclu, ce qui est exceptionnel dans le théâtre français du XVIIe siècle. Racine y met en scène un épisode de la Bible, qui se déroule à Jérusalem, au VIIIe siècle av. J.-C. Deux religions s'affrontent dans un combat sans merci. La reine Athalie a renié la religion des Hébreux pour se convertir à celle du dieu Baal et a fait mettre à mort tous ses descendants, afin d'éviter un rétablissement éventuel de la foi de ses ancêtres. Mais Joas, petit-fils d'Athalie et héritier du royaume, a échappé à ce massacre ; il est élevé par le grand prêtre hébreu Joad. Aidé par le prêtre de Baal, Mathan, Athalie engage le combat contre ses adversaires. Son armée est vaincue et Joas, proclamé roi, rétablit la religion hébraïque.

À la scène 5 de l'acte II, Athalie relate au prêtre Mathan et à l'officier Abner le songe inquiétant qu'elle vient de faire, annonciateur de massacres et de désastres.

« C'était pendant l'horreur d'une profonde nuit »

ATHALIE

[...]
C'était pendant l'horreur d'une profonde nuit ;
Ma mère Jézabel devant moi s'est montrée,
Comme au jour de sa mort pompeusement parée ;

Ses malheurs n'avaient point abattu sa fierté[1] ;
5 Même elle avait encor cet éclat emprunté
Dont elle eut soin de peindre et d'orner son visage,
Pour réparer des ans l'irréparable outrage :
« Tremble, m'a-t-elle dit, fille digne de moi ;
Le cruel Dieu des Juifs l'emporte aussi sur toi.
10 Je te plains de tomber dans ses mains redoutables,
Ma fille. » En achevant ces mots épouvantables,
Son ombre vers mon lit a paru se baisser ;
Et moi je lui tendais les mains pour l'embrasser ;
Mais je n'ai plus trouvé qu'un horrible mélange
15 D'os et de chair meurtris, et traînés dans la fange[2],
Des lambeaux pleins de sang, et des membres
                                     [affreux
Que des chiens dévorants se disputaient entre eux...

ABNER

Grand Dieu !

ATHALIE

           Dans ce désordre à mes yeux se
                               [présente
Un jeune enfant couvert d'une robe éclatante,
20 Tels qu'on voit des Hébreux les prêtres revêtus.
Sa vue a ranimé mes esprits abattus ;
Mais lorsque, revenant de mon trouble funeste[3],
J'admirais sa douceur, son air noble et modeste,
J'ai senti tout à coup un homicide acier[4]

---

1. Son humeur farouche.
2. Dans la boue.
3. Au sens fort, qui a un rapport avec la mort.
4. Un poignard meurtrier.

25 Que le traître en mon sein a plongé tout entier.
    De tant d'objets divers le bizarre assemblage
    Peut-être du hasard vous paraît un ouvrage :
    Moi-même quelque temps, honteuse de ma peur,
    Je l'ai pris pour l'effet d'une sombre vapeur[1].
30 Mais de ce souvenir mon âme possédée
    A deux fois en dormant revu la même idée[2] ;
    Deux fois mes tristes yeux se sont vu retracer
    Ce même enfant toujours tout prêt à me percer.
    Lasse enfin des horreurs dont j'étais poursuivie,
35 J'allais prier Baal de veiller sur ma vie,
    Et chercher du repos au pied de ses autels :
    Que ne peut la frayeur sur l'esprit des mortels !

ATHALIE, *1691,*
acte II, scène 5.

Guide de lecture

1. **En procédant à une analyse du vocabulaire, vous montrerez que le récit d'Athalie mêle l'horreur et la somptuosité.**

2. **Comment Racine rend-il compte de l'atmosphère irréelle du rêve ?**

3. **Vous relèverez les détails qui révèlent l'angoisse d'Athalie.**

1. J'ai cru qu'il était suscité par une sinistre illusion, une hallucination.
2. Ici, apparition, fantôme.

GUILLERAGUES   *(1628-1685)*

GUILLERAGUES.   Bordelais, Gabriel-Joseph de La Vergne, vicomte de Guilleragues, eut une vie bien remplie : il est du côté des comploteurs durant la Fronde (1648-1652), puis exerce des fonctions officielles diverses, rédige des articles pour *la Gazette de France,* pour être finalement nommé ambassadeur à Constantinople (1675-1685).

LETTRES D'UNE RELIGIEUSE PORTUGAISE **(1669).**   Guilleragues est surtout connu comme l'auteur d'une super-cherie littéraire. En 1669, il fait en effet publier les *Lettres d'une religieuse portugaise,* qu'il présente comme d'authentiques lettres écrites par une religieuse à un officier français. Ces cinq lettres, dans lesquelles la reli-gieuse exprime pour celui qui l'a séduite et abandonnée un amour désespéré et coupable, développent une conception de la passion fatale proche de celle des héroïnes raciniennes. Cette œuvre annonce le roman par lettres, qui connaîtra un développement considé-rable au XVIIIe siècle.

Dans cet extrait de l'avant-dernière lettre, la reli-gieuse dit son désarroi, loin de celui qu'elle aime.

« Je vois bien que je vous aime comme une folle »

J'eusse été trop heureuse, si nous avions passé notre vie ensemble : mais puisqu'il fallait qu'une absence cruelle nous séparât, il me semble

que je dois être bien aise de n'avoir pas été infidèle,
et je ne voudrais pas, pour toutes les choses du
monde, avoir commis une action si noire. Quoi !
vous avez connu le fond de mon cœur et de ma tendresse, et vous avez pu vous résoudre à me laisser
pour jamais, et à m'exposer aux frayeurs que je dois
avoir, que vous ne vous souvenez plus de moi[1] que
pour me sacrifier à une nouvelle passion ? Je vois
bien que je vous aime comme une folle ; cependant
je ne me plains point de toute la violence des mouvements de mon cœur, je m'accoutume à ses persécutions, et je ne pourrais vivre sans un plaisir que je
découvre, et dont je jouis en vous aimant au milieu
de mille douleurs : mais je suis sans cesse persécutée
avec un extrême désagrément par la haine et par le
dégoût que j'ai pour toutes choses ; ma famille, mes
amis et ce couvent me sont insupportables ; tout ce
que je suis obligée de voir, et tout ce qu'il faut que je
fasse de toute nécessité[2], m'est odieux ; je suis si jalouse de ma passion, qu'il me semble que toutes
mes actions et que tous mes devoirs vous regardent.
Oui, je fais quelque scrupule, si je n'emploie tous les
moments de ma vie pour vous ; que ferais-je, hélas !
sans tant de haine et sans tant d'amour qui rem-
plissent mon cœur ? Pourrais-je survivre à ce qui
m'occupe incessamment, pour mener une vie tranquille et languissante ? Ce vide et cette insensibilité

---

1. À m'exposer à cette crainte : vous ne m'avez oubliée que pour me
sacrifier à une nouvelle passion.
2. Obligatoirement.

ne peuvent me convenir. Tout le monde s'est aperçu
du changement entier de mon humeur, de mes manières et de ma personne ; ma mère m'en a parlé
avec aigreur, et ensuite avec quelque bonté, je ne
35   sais ce que je lui ai répondu, il me semble que je lui
ai tout avoué. Les religieuses les plus sévères ont pitié de l'état où je suis, il leur donne même quelque
considération et quelque ménagement pour moi ;
tout le monde est touché de mon amour, et vous de-
40   meurez dans une profonde indifférence, sans m'é-
crire que des lettres[1] froides, pleines de redites ; la
moitié du papier n'est pas remplie, et il paraît gros-
sièrement que vous mourez d'envie de les avoir
achevées.

LETTRES D'UNE RELIGIEUSE PORTUGAISE, *1669,*
lettre IV.

Guide de lecture
....

**1. Vous étudierez
l'expression de l'amour
dans cette lettre.
2. Vous montrerez
comment l'intensité de
sa passion conduit la
religieuse à ne plus
s'intéresser à rien.**

**3. Que reproche la
religieuse à l'officier
français ?**

---

1. Guilleragues ne donne pas les lettres de l'officier français, ce qui rend
encore plus sensible au lecteur la cruelle solitude de la religieuse.

Madame
de La Fayette   (1634-

UNE INTELLECTUELLE.   Née Marie-Madeleine Pioche de
La Vergne, madame de La Fayette est une de ces
femmes cultivées du XVIIᵉ siècle qui jouent un rôle important dans la vie intellectuelle française. Après s'être
mariée, en 1655, elle se lasse rapidement de la vie provinciale qu'elle mène en Auvergne au côté de son
époux. En 1661, elle décide donc de résider seule à Paris, où elle anime bientôt, tous les samedis, un de ces
salons mondains qui se multiplient alors dans la capitale.

C'est durant cette période qu'elle écrit des ouvrages
d'histoire et surtout des nouvelles et romans historiques
qui la rendront célèbre : *la Princesse de Montpensier*
(1662), *la Princesse de Clèves* (1678). Après la mort
de son mari, en 1683, elle renonce à la vie mondaine
pour se consacrer à sa famille et s'adonner à la
méditation.

LA PRINCESSE DE CLÈVES (1678).   Le roman le plus réussi
de madame de La Fayette est incontestablement *la Princesse de Clèves*. Cette œuvre se déroule à la fin du règne
de Henri II, en 1559, peu de temps avant les guerres de
Religion, mais évoque aussi indirectement le règne de
Louis XIV. Madame de La Fayette y raconte la passion
tragique de la princesse de Clèves pour le duc de Nemours. Mariée, elle fait tout pour éviter de succomber
à l'adultère et avoue à son époux son amour pour un
autre. Le prince de Clèves, qui ne supporte pas cette

…ation, meurt de désespoir et la jeune femme se retire du monde.

Tout au début du roman, madame de La Fayette
plante le décor : elle décrit la cour somptueuse de
Henri II et brosse quelques portraits.

« Jamais cour
n'a eu tant de belles personnes... »

L a magnificence et la galanterie n'ont jamais
paru en France avec tant d'éclat que dans les
dernières années du règne de Henri second. Ce
prince était galant, bien fait et amoureux ; quoique
5   sa passion pour Diane de Poitiers, duchesse de Valentinois, eût commencé il y avait plus de vingt ans,
elle n'en était pas moins violente, et il n'en donnait
pas des témoignages moins éclatants.

Comme il réussissait admirablement dans tous les
10   exercices du corps, il en faisait une de ses plus
grandes occupations. C'étaient tous les jours des
parties de chasse et de paume[1], des ballets, des
courses de bagues[2], ou de semblables divertissements ; les couleurs et les chiffres[3] de Mme de Va-
15   lentinois paraissaient partout, et elle paraissait

---

1. Jeu de balle.
2. Jeu au cours duquel des cavaliers devaient enlever des anneaux du bout
de leur lance.
3. Motifs formés des initiales entrelacées.

elle-même avec tous les ajustements que pouvait avoir Mlle de la Marck, sa petite-fille, qui était alors à marier.

La présence de la reine[1] autorisait la sienne. Cette princesse était belle, quoiqu'elle eût passé la première jeunesse ; elle aimait la grandeur, la magnificence et les plaisirs. Le roi l'avait épousée lorsqu'il était encore duc d'Orléans, et qu'il avait pour aîné le dauphin, qui mourut à Tournon, prince que sa naissance et ses grandes qualités destinaient à remplir dignement la place du roi François premier, son père[2].

L'humeur ambitieuse de la reine lui faisait trouver une grande douceur à régner ; il semblait qu'elle souffrît sans peine l'attachement du roi pour la duchesse de Valentinois, et elle n'en témoignait aucune jalousie, mais elle avait une si profonde dissimulation qu'il était difficile de juger de ses sentiments, et la politique l'obligeait d'approcher cette duchesse de sa personne, afin d'en approcher aussi le roi. Ce prince aimait le commerce des femmes[3], même de celles dont il n'était pas amoureux : il demeurait tous les jours chez la reine à l'heure du cercle, où tout ce qu'il y avait de plus beau et de mieux fait, de l'un et de l'autre sexe, ne manquait pas de se trouver.

---

1. Catherine de Médicis.

2. Le fils aîné de François Ier, le dauphin, étant mort, c'est son second fils qui lui succéda, sous le nom de Henri II.

3. La fréquentation des femmes.

Jamais cour n'a eu tant de belles personnes et d'hommes admirablement bien faits ; et il semblait que la nature eût pris plaisir à placer ce qu'elle
45 donne de plus beau dans les plus grandes princesses et dans les plus grands princes. Mme Élisabeth de France, qui fut depuis reine d'Espagne, commençait à faire paraître un esprit surprenant et cette incomparable beauté qui lui a été si funeste[1]. Marie
50 Stuart, reine d'Écosse, qui venait d'épouser M. le Dauphin[2], et qu'on appelait la reine dauphine, était une personne parfaite pour l'esprit et pour le corps ; elle avait été élevée à la cour de France, elle en avait pris toute la politesse, et elle était née avec tant de
55 dispositions pour toutes les belles choses que, malgré sa grande jeunesse, elle les aimait et s'y connaissait mieux que personne. La reine, sa belle-mère, et Madame, sœur du roi, aimaient aussi les vers, la comédie et la musique. Le goût que le roi François
60 premier avait eu pour la poésie et pour les lettres régnait encore en France ; et le roi son fils, aimant les exercices du corps, tous les plaisirs étaient à la cour ; mais ce qui rendait cette cour belle et majestueuse était le nombre infini de princes et de grands sei-
65 gneurs d'un mérite extraordinaire.

La Princesse de Clèves, *1678,*
tome premier.

---

1. Cette fille de Henri II mourra en 1568, à vingt-trois ans, certainement empoisonnée par son mari.
2. Le fils aîné de Henri II, le futur François II.

1. **Quels renseigne-
ments ce texte four-
nit-il sur les mœurs de
la cour de Henri II et,
indirectement, sur
celles de la cour de
Louis XIV ?**
2. **Vous étudierez les
différents portraits
contenus dans ce texte.**

3. **Quelle est l'utilité de
cette présentation
générale pour
comprendre l'intrigue
amoureuse du roman ?**

Avant de mourir, madame de Chartres, la mère de la
princesse de Clèves, inquiète des sentiments de sa fille
pour le duc de Nemours, lui conseille la sagesse et la
raison. Mais la jeune femme, en plein désarroi, ne sait
comment effacer cet amour de son cœur.

« Songez ce que vous vous devez
à vous-même »

Mme de Chartres empira si considérablement
que l'on commença à désespérer de sa vie ;
elle reçut ce que les médecins lui dirent du péril où
elle était avec un courage digne de sa vertu et de sa
5   piété. Après qu'ils furent sortis, elle fit retirer tout le
monde et appeler Mme de Clèves.

— Il faut nous quitter, ma fille, lui dit-elle, en lui
tendant la main ; le péril où je vous laisse et le be-

soin que vous avez de moi augmentent le déplaisir
10 que j'ai de vous quitter. Vous avez de l'inclination
pour M. de Nemours ; je ne vous demande point de
me l'avouer : je ne suis plus en état de me servir de
votre sincérité pour vous conduire[1]. Il y a déjà longtemps que je me suis aperçue de cette inclination ;
15 mais je ne vous en ai pas voulu parler d'abord, de
peur de vous en faire apercevoir vous-même[2]. Vous
ne la connaissez que trop présentement ; vous êtes
sur le bord du précipice : il faut de grands efforts et
de grandes violences pour vous retenir. Songez ce
20 que vous devez à votre mari ; songez ce que vous
vous devez à vous-même, et pensez que vous allez
perdre cette réputation que vous vous êtes acquise
et que je vous ai tant souhaitée. Ayez de la force et
du courage, ma fille, retirez-vous de la cour, obligez
25 votre mari de vous emmener ; ne craignez point de
prendre des partis[3] trop rudes et trop difficiles, quelque affreux qu'ils vous paraissent d'abord : ils seront plus doux dans les suites que les malheurs
d'une galanterie[4]. Si d'autres raisons que celles de la
30 vertu et de votre devoir vous pouvaient obliger à ce
que je souhaite, je vous dirais que, si quelque chose
était capable de troubler le bonheur que j'espère en
sortant de ce monde, ce serait de vous voir tomber

---

1. Pour vous guider.
2. De peur de vous faire apercevoir à vous-même cette inclination.
3. D'adopter des solutions.
4. Ici, liaison amoureuse.

comme les autres femmes ; mais, si ce malheur vous
35 doit arriver, je reçois la mort avec joie, pour n'en être
pas le témoin.

Mme de Clèves fondait en larmes sur la main de
sa mère, qu'elle tenait serrée entre les siennes, et
Mme de Chartres se sentant touchée elle-même :

40 — Adieu, ma fille, lui dit-elle, finissons une
conversation qui nous attendrit trop l'une et l'autre,
et souvenez-vous, si vous pouvez, de tout ce que je
viens de vous dire.

Elle se tourna de l'autre côté en achevant ces pa-
45 roles et commanda à sa fille d'appeler ses femmes,
sans vouloir l'écouter, ni parler davantage. Mme de
Clèves sortit de la chambre de sa mère en l'état que
l'on peut s'imaginer, et Mme de Chartres ne songea
plus qu'à se préparer à la mort. Elle vécut encore
50 deux jours, pendant lesquels elle ne voulut plus revoir sa fille, qui était la seule chose à quoi elle se
sentait attachée.

La Princesse de Clèves, *1678,*
tome premier.

Guide de lecture
....

1. **Quelles dernières
recommandations
madame de Chartres
fait-elle à sa fille ?**
2. **Vous montrerez que
l'amour de la princesse
de Clèves est présenté
comme une passion
fatale.**

3. **Comment madame
de La Fayette crée-
t-elle une atmosphère
pathétique ?**

FURETIÈRE   *(1619-1688)*

·······································

ANTOINE FURETIÈRE.   Antoine Furetière a laissé une
œuvre diverse : auteur d'un célèbre *Dictionnaire universel*
(1684), il a publié, en 1649, l'*Énéide travestie* qui, dans la
tradition burlesque (voir p. 136) chère à Scarron, parodie l'œuvre du poète latin Virgile.

LE ROMAN BOURGEOIS (1666).   C'est l'œuvre majeure
de Furetière. Elle prolonge le courant du roman
comique et réaliste où s'étaient illustrés Sorel et Scarron. Le sujet principal en est simple : Vollichon cherche
à marier sa fille Javotte. Mais c'est là le prétexte au
développement de toute une série de récits secondaires qui permettent à l'auteur de mener une description pittoresque des sentiments et des comportements
de la population bourgeoise de Paris. La vie de tous les
jours y est ainsi décrite dans toute sa banalité. Furetière rejette le romanesque, c'est-à-dire qu'il refuse les
héros sublimes et exceptionnels.

Dans le cadre de l'intrigue principale du roman, Jean
Bedout fait une cour ridicule à Javotte, dont la naïveté
frise la sottise.

« Si innocente qu'elle en est toute sotte »

O r, comme il se trouva plus près de Javotte
quand ils eurent pris des sièges, ayant mis
son chapeau sous son coude, et frottant ses mains

l'une dans l'autre, après un assez long silence, peut-
être afin de méditer ce qu'il devait dire[1], il ouvrit
ainsi la conversation : « Hé bien, mademoiselle,
c'est donc vous dont on m'a parlé ? » Javotte répondit avec son innocence accoutumée : « Je ne sais pas,
monsieur, si on vous a parlé de moi ; mais je sais
bien qu'on ne m'a point parlé de vous. » « Comment, reprit-il, est-ce qu'on prétend vous marier
sans vous en rien dire ? » « Je ne sais », dit-elle.
« Mais que diriez-vous, repartit-il[2], si on vous proposait un mariage ? » « Je ne dirais rien », répondit
Javotte. « Cela me serait bien avantageux, reprit Bedout assez haut, croyant dire un bon mot, car nos
lois portent en termes formels que qui ne dit mot
semble consentir. » « Je ne sais quelles sont vos lois,
lui dit-elle, mais, pour moi, je ne connais que les lois
de mon papa et de maman. » « Mais, reprit-il, s'ils
vous commandaient d'aimer un garçon comme moi,
le feriez-vous ? » « Non, dit Javotte, car ne sait-on
pas bien que les filles ne doivent jamais aimer les
garçons ? » « J'entends, répliqua Bedout, s'il était devenu mari. » « Ho ! ho ! dit-elle, il ne l'est pas encore ; il passera bien de l'eau sous les ponts entre ci
et là[3]. »

La bonne mère, qui voulait ce parti, qu'elle regardait comme très avantageux, se mit de la partie, et
lui dit : « Il ne faut pas, monsieur, prendre garde à ce

---

1. Afin de réfléchir sur ce qu'il devait dire.
2. Répondit-il.
3. Entre maintenant et le moment où il deviendra mon mari.

qu'elle dit ; c'est une fille fort jeune, et si innocente qu'elle en est toute sotte. » « Ha ! madame, reprit Bedout, ne dites pas cela ; c'est votre fille, et il ne se peut qu'elle ne vous ressemble[1]. Quant à moi, je
35 trouve qu'il n'y a rien de tel que de prendre pour femme une fille fort jeune, car on la forme comme l'on veut avant qu'elle ait pris son pli. »

Le Roman bourgeois, *1666,*
livre I.

Guide de lecture
···

**1. Relevez tous les
détails qui expriment
la maladresse de Jean
Bedout.**

**2. Comment la sottise
de Javotte se manifeste-
t-elle ?**

**3. À quoi tient le
comique de ce texte ?**

---

1. Il n'est pas possible qu'elle ne vous ressemble pas.

LA FONTAINE *(1621-1695)*

....

UNE VOCATION LITTÉRAIRE TARDIVE. La vocation littéraire de Jean de La Fontaine est lente à se dessiner. Jusqu'à trente-sept ans, ce provincial, né à Château-Thierry, une petite ville de Champagne, hésite entre différentes voies. Il songe d'abord à s'engager dans une carrière ecclésiastique, puis entreprend des études de droit, pour, en 1652, succéder à son père comme administrateur des Eaux et Forêts. En 1658, l'échec de son mariage constitue un tournant décisif dans sa vie : c'est alors en effet qu'il décide de s'installer à Paris, où il entre au service de Fouquet, ministre des Finances et grand amateur d'art. Il commence à écrire, mais l'arrestation de son protecteur, en 1661, le conduit, par prudence, à quitter Paris pour le Limousin.

De retour dans la capitale, il s'engage dans une vie mondaine, au service de protecteurs successifs, dont madame de La Sablière, avec laquelle il noue une tendre amitié. C'est alors qu'il conçoit l'essentiel de son œuvre : des *Contes* (1665-1674), qui font scandale pour leur ton grivois, et surtout ses *Fables* (1668-1696). Cette existence mondaine et quelque peu libertine est brusquement interrompue, en 1692, par la maladie. Il renie ses contes licencieux et mène, jusqu'à sa mort, une vie édifiante tournée vers la foi.

LES FABLES (1668-1696). Fruits d'une maturation et d'un travail de près de trente années, les *Fables,* bien que s'inspirant de nombreux modèles (notamment du fabuliste de l'Antiquité grecque Ésope), sont d'une grande originalité. Cette originalité réside dans le talent de l'auteur à mener récits et dialogues, dans sa souple utilisation de la versification, dans le soin qu'il met à privilégier l'agrément du style au détriment de l'austérité de la morale, dans le lyrisme qui permet l'expression personnelle des sentiments.

La Fontaine définit lui-même ses *Fables* comme « Une ample comédie à cent actes divers » (« le Bûcheron et Mercure », livre V, 1). Et de fait, à travers la peinture des animaux, des végétaux ou des objets, ainsi que le veut le genre de la fable, c'est la cruelle et dérisoire comédie humaine qu'il met en scène, comme dans une pièce de théâtre. Mais, selon les règles de l'esthétique classique, il apporte à son propos une légèreté, une gaieté, une diversité de style propres à plaire à ses lecteurs malgré le sérieux des thèmes abordés.

En 1668, La Fontaine publie le premier livre de ses *Fables*. Ce coup d'essai est déjà un coup de maître.

Avec « la Mort et le Malheureux » et « la Mort et le Bûcheron », La Fontaine présente deux textes qui traitent du même sujet : la soif de vivre et la peur du néant sont telles que l'homme préfère la souffrance à la mort. Ces deux versions inspirées l'une de Mécène, l'autre d'Ésope, ainsi que le commentaire qui les accompagne illustrent le savoir-faire du fabuliste, son talent à transformer ses modèles : l'imitation ne doit pas être servile, elle n'est qu'un point de départ à partir duquel l'écrivain doit exprimer toute son originalité.

La Mort et le Malheureux

Un Malheureux appelait tous les jours
    La Mort à son secours.
« Ô Mort, lui disait-il, que tu me sembles belle !
Viens vite, viens finir ma fortune cruelle[1]. »
5 La Mort crut en venant l'obliger[2] en effet[3].
Elle frappe à sa porte, elle entre, elle se montre.
« Que vois-je ! cria-t-il, ôtez-moi cet objet ;
    Qu'il est hideux ! que sa rencontre
    Me cause d'horreur et d'effroi !
10 N'approche pas ô Mort ; ô Mort, retire-toi. »
    Mécénas[4] fut un galant homme :
Il a dit quelque part : « Qu'on me rende impotent,
Cul-de-jatte, goutteux, manchot, pourvu qu'en
                    [somme
Je vive, c'est assez, je suis plus que content. »
15 Ne viens jamais, ô Mort ; on t'en dit tout autant.

*Ce sujet a été traité d'une autre façon par Ésope[5], comme
la Fable suivante le fera voir. Je composai celle-ci pour une
raison qui me contraignait de rendre la chose ainsi générale. Mais quelqu'un me fit connaître que j'eusse beaucoup mieux fait de suivre mon original[6], et que je laissais
passer un des plus beaux traits qui fût dans Ésope. Cela*

1. Mon cruel destin.
2. Le satisfaire, lui rendre service.
3. Vraiment.
4. Mécène. Ce Romain de l'Antiquité protégea les artistes (68-8 av. J.-C.).
5. Fabuliste grec (VIIᵉ-VIᵉ siècle av. J.-C.).
6. Mon modèle.

*m'obligea d'y avoir recours. Nous ne saurions aller plus
avant que les Anciens : ils ne nous ont laissé pour notre
part que la gloire de les bien suivre. Je joins toutefois ma*
25 *Fable à celle d'Ésope ; non que la mienne le mérite ; mais
à cause du mot de Mécénas, que j'y fais entrer, et qui est si
beau et si à propos que je n'ai pas cru le devoir omettre.*

La Mort et le Bûcheron

Un pauvre Bûcheron tout couvert de ramée[1],
Sous le faix[2] du fagot aussi bien que des ans
Gémissant et courbé marchait à pas pesants,
Et tâchait de gagner sa chaumine[3] enfumée.
35 Enfin, n'en pouvant plus d'effort et de douleur,
Il met bas son fagot, il songe à son malheur :
Quel plaisir a-t-il eu depuis qu'il est au monde ?
En est-il un plus pauvre en la machine ronde[4] ?
Point de pain quelquefois, et jamais de repos.
40 Sa femme, ses enfants, les soldats, les impôts,
     Le créancier, et la corvée[5]
Lui font d'un malheureux la peinture achevée.
Il appelle la Mort ; elle vient sans tarder,
     Lui demande ce qu'il faut faire.

---

1. De branchages.
2. Sous le poids.
3. Sa chaumière.
4. La Terre.
5. Travail obligatoire et gratuit que les paysans devaient à leur seigneur.

45   « C'est, dit-il, afin de m'aider
À recharger ce bois ; tu ne tarderas guère[1]. »
        Le trépas[2] vient tout guérir ;
        Mais ne bougeons d'où nous sommes :
        Plutôt souffrir que mourir,
50   C'est la devise des hommes.

FABLES, *1668,*
livre I, fables 15 et 16.

1. Tu ne mettras pas beaucoup de temps.
2. La mort.

Guide de lecture

1. Vous relèverez les termes qui, dans les deux textes, évoquent la souffrance et la mort.
2. Vous analyserez et comparerez les moralités qui achèvent chaque fable.

3. Vous résumerez la conception de l'imitation telle que l'exprime La Fontaine dans le texte situé entre les deux fables.

Le texte qui suit, « Le Renard et la Cigogne » fait également partie du premier livre des *Fables*. La Fontaine montre comment les êtres humains, enfermés dans leur égoïsme, ne voient que leur intérêt, que la satisfaction de leurs instincts. La société est une jungle où chacun essaie de l'emporter sur ses semblables, de tirer son épingle du jeu en utilisant tous les moyens à sa disposition.

Le Renard et la Cigogne

Compère le Renard se mit un jour en frais[1],
Et retint à dîner commère la Cigogne.
Le régal fut petit, et sans beaucoup d'apprêts[2] :
    Le Galant pour toute besogne[3]
5 Avait un brouet clair[4] (il vivait chichement[5]).
Ce brouet fut par lui servi sur une assiette.
La Cigogne au long bec n'en put attraper miette ;
Et le Drôle eut lapé le tout en un moment.
Pour se venger de cette tromperie,
10 À quelque temps de là, la Cigogne le prie[6] :
« Volontiers, lui dit-il, car avec mes amis
    Je ne fais point cérémonie. »
    À l'heure dite il courut au logis
    De la Cigogne son hôtesse ;
15   Loua très fort sa politesse,
    Trouva le dîner cuit à point.
Bon appétit surtout ; Renards n'en manquent point.
Il se réjouissait à l'odeur de la viande
Mise en menus morceaux, et qu'il croyait friande[7].
2   On servit pour l'embarrasser
En un vase à long col[8] et d'étroite embouchure.

---

1. Engagea des dépenses. La formule se révèlera par la suite ironique.
2. Sans beaucoup de préparatifs, de recherche.
3. Pour tout moyen de subsistance, pour toute nourriture.
4. Une soupe claire, parce que ne contenant que peu d'ingrédients.
5. Comme un avare.
6. L'invite à manger.
7. Appétissante, goûteuse.
8. À long cou.

Le bec de la Cigogne y pouvait bien passer,
Mais le museau du Sire était d'autre mesure.
Il lui fallut à jeun retourner au logis,
25   Honteux comme un Renard qu'une Poule aurait
[pris,
Serrant la queue, et portant bas l'oreille.
Trompeurs, c'est pour vous que j'écris :
Attendez-vous à la pareille[1].

FABLES, *1668,*
livre I, fable 18.

---

1. Attendez-vous à ce qu'on vous rende la pareille, à ce qu'on vous fasse
la même chose.

Guide de lecture
••

1. **Le récit comporte
deux parties distinctes.
Lesquelles ? À quoi
correspondent-elles ?**
2. **Vous relèverez les
termes qui caracté-**
risent le renard et la
cigogne et ferez le
portrait des deux ani-
maux.
3. **Quelle est la position
de La Fontaine ?**

Dans le livre II, publié en même temps que le livre I, en
1668, la réflexion de La Fontaine sur l'homme devient
plus désabusée. Tout doit être relativisé dans ce monde
où règnent les apparences. La puissance et le pouvoir
ne sont souvent qu'une illusion : « le Lion et le Moucheron » en fournit une illustration éclatante. Le roi
des animaux, symbole de la force, est mis à mal par un

221

moucheron, image de la faiblesse. Et la dérision se trouve encore accentuée par la fin de ce vainqueur d'un moment. À son tour, il trouve son maître : une araignée le dévore.

Le Lion et le Moucheron

« Va-t'en, chétif[1] Insecte, excrément de la terre[2]. »
    C'est en ces mots que le Lion
    Parlait un jour au Moucheron.
    L'autre lui déclara la guerre.
5 « Penses-tu, lui dit-il, que ton titre de Roi
    Me fasse peur, ni me soucie ?
Un Bœuf est plus puissant que toi,
    Je le mène à ma fantaisie. »
    À peine il achevait ces mots
10   Que lui-même il sonna la charge,
    Fut le Trompette et le Héros[3].
    Dans l'abord[4] il se met au large[5],
    Puis prend son temps, fond sur le cou
    Du Lion, qu'il rend presque fou.
15 Le Quadrupède écume, et son œil étincelle ;
Il rugit ; on se cache, on tremble à l'environ[6] ;

---

1. Malingre, faible.
2. Expression soulignant l'extrême bassesse du moucheron.
3. Le moucheron sonne le début du combat dont il est, en même temps, le héros.
4. Dans un premier temps, d'abord.
5. Il s'éloigne du lion pour mieux prendre son élan.
6. Aux environs.

Et cette alarme universelle
Est l'ouvrage d'un Moucheron.
Un avorton de Mouche[1] en cent lieux le harcelle[2].
20   Tantôt pique l'échine, et tantôt le museau,
Tantôt entre au fond du naseau.
La rage alors se trouve à son faîte[3] montée.
L'invisible ennemi triomphe, et rit de voir
Qu'il n'est griffe ni dent en la Bête irritée
25   Qui de la mettre en sang ne fasse son devoir.
Le malheureux Lion se déchire lui-même,
Fait résonner sa queue à l'entour[4] de ses flancs,
Bat l'air qui n'en peut mais[5], et sa fureur extrême
Le fatigue, l'abat ; le voilà sur les dents.
30   L'Insecte du combat se retire avec gloire :
Comme il sonna la charge, il sonne la victoire,
Va partout l'annoncer, et rencontre en chemin
L'embuscade d'une Araignée ;
Il y rencontre aussi sa fin.
35   Quelle chose par là nous peut être enseignée ?
J'en vois deux, dont l'une est qu'entre nos ennemis
Les plus à craindre sont souvent les plus petits ;
L'autre, qu'aux grands périls tel a pu se soustraire,
Qui périt pour la moindre affaire.

FABLES, *1668,*
livre II, fable 9.

---

1. Un enfant de mouche né avant terme, et donc chétif.
2. Le tourmente.
3. À son point culminant.
4. Autour.
5. Qui n'y peut rien.

1. Vous montrerez que la construction du récit qui précède est dissymétrique et que cette dissymétrie est encore accentuée par la versification adoptée. Quel effet La Fontaine produit-il ainsi ?

2. La Fontaine se livre à une parodie de l'épopée, genre littéraire qui raconte d'héroïques exploits. Comment cette parodie se manifeste-t-elle ?

La succession des fables, dont la publication s'étend sur vingt-huit ans, s'accompagne d'une évolution dans la manière de La Fontaine. Avec l'âge, sa réflexion se fait plus grave. De plus en plus, le fabuliste aborde des problèmes politiques et se penche notamment sur les rapports de pouvoir. Cette tendance apparaît nettement dans le livre VII, que La Fontaine publie en 1679, à cinquante-huit ans.

Dans « les Animaux malades de la peste », en particulier, il montre comment les gouvernants fuient leurs responsabilités dans les moments difficiles et trouvent toujours de malheureux innocents, des boucs émissaires, pour payer à leur place.

Les Animaux malades de la peste

Un mal qui répand la terreur,
Mal que le Ciel en sa fureur
Inventa pour punir les crimes de la terre,

La Peste (puisqu'il faut l'appeler par son nom)
5   Capable d'enrichir en un jour l'Achéron[1]
      Faisait aux animaux la guerre.
Ils ne mouraient pas tous, mais tous étaient
              [frappés :
      On n'en voyait point d'occupés
À chercher le soutien d'une mourante vie ;
10   Nul mets[2] n'excitait leur envie ;
      Ni Loups ni Renards n'épiaient
      La douce et l'innocente proie.
      Les Tourterelles se fuyaient ;
      Plus d'amour, partant[3] plus de joie.
15 Le Lion tint conseil[4], et dit : « Mes chers amis,
      Je crois que le Ciel a permis
      Pour nos péchés cette infortune ;
      Que le plus coupable de nous
Se sacrifie aux traits du céleste courroux[5],
20 Peut-être il obtiendra la guérison commune[6].
L'histoire nous apprend qu'en de tels accidents
      On fait de pareils dévouements[7] :
Ne nous flattons donc point, voyons sans
             [indulgence
      L'état de notre conscience.
25 Pour moi, satisfaisant mes appétits gloutons

---

1. Fleuve des Enfers, d'après la mythologie grecque.
2. Aucune nourriture.
3. Par conséquent.
4. Organisa une réunion pour prendre une décision.
5. Aux flèches de la colère divine.
6. La guérison de tous.
7. Des sacrifices de ce genre.

J'ai dévoré force moutons[1] ;
    Que m'avaient-ils fait ? nulle offense :
Même il m'est arrivé quelquefois de manger
      Le Berger.
30 Je me dévouerai donc, s'il le faut ; mais je pense
Qu'il est bon que chacun s'accuse ainsi que moi
Car on doit souhaiter selon toute justice
    Que le plus coupable périsse.
    — Sire, dit le Renard, vous êtes trop bon Roi ;
35 Vos scrupules font voir trop de délicatesse ;
Eh bien, manger moutons, canaille, sotte espèce,
Est-ce un péché ? Non non. Vous leur fîtes Seigneur
      En les croquant beaucoup d'honneur.
      Et quant au Berger, l'on peut dire
40   Qu'il était digne de tous maux,
Étant de ces gens-là qui sur les animaux
      Se font un chimérique empire[2]. »
Ainsi dit le Renard, et flatteurs d'applaudir.
      On n'osa trop approfondir
45 Du Tigre, ni de l'Ours, ni des autres puissances
      Les moins pardonnables offenses.
Tous les gens querelleurs, jusqu'aux simples
                  [mâtins[3],
Au dire de chacun, étaient de petits saints.
L'Âne vint à son tour et dit : « J'ai souvenance
50   Qu'en un pré de Moines passant,
La faim, l'occasion, l'herbe tendre, et je pense

---

1. Beaucoup de moutons.
2. Une autorité imaginaire, fausse.
3. Gros chiens.

Quelque diable aussi me poussant,
Je tondis de ce pré la largeur de ma langue.
Je n'en avais nul droit, puisqu'il faut parler net. »
55 À ces mots on cria haro sur le baudet[1].
Un Loup quelque peu clerc[2] prouva par sa
[harangue[3]
Qu'il fallait dévouer[4] ce maudit animal,
Ce pelé, ce galeux, d'où venait tout leur mal.
Sa peccadille[5] fut jugée un cas pendable.
60 Manger l'herbe d'autrui ! quel crime abominable !
Rien que la mort n'était capable
D'expier son forfait[6] : on le lui fit bien voir.
Selon que vous serez puissant ou misérable,
Les jugements de Cour vous rendront blanc ou noir.

FABLES, *1679*,
livre VII, fable 1.

Guide de lecture

**I. Vous déterminerez
les différents moments
du récit.
2. Vous caractériserez
par des adjectifs ou des
expressions de votre
choix les nombreux**
**animaux décrits dans
cette fable.
3. Vous montrerez la
richesse de la moralité
finale, en en dégageant
tous les aspects.**

---

1. On cria contre l'âne, on le dénonça.
2. Un peu savant.
3. Par son discours.
4. Sacrifier.
5. Faute légère.
6. Son crime.

Comme la fable précédente, « le Chat, la Belette et le Petit Lapin » fait partie du livre VII des *Fables*. La Fontaine montre ici comment les puissants savent abuser des faibles. Il souligne aussi la stupidité de ces derniers qui, au lieu de s'unir, se disputent et s'en remettent à l'arbitrage des forts : il est toujours dangereux de confier à un arbitre, à un juge, le règlement d'un différend ; on court alors le risque de tout perdre, y compris évidemment l'objet de la contestation. Cette fable, d'une grande richesse, contient également une réflexion sur la propriété : l'héritage doit-il garantir la possession d'un bien ?

Le Chat, la Belette et le Petit Lapin

Du palais d'un jeune Lapin
Dame Belette un beau matin
S'empara : c'est une rusée.
Le maître était absent, ce lui fut chose aisée.
5   Elle porta chez lui ses pénates[1] un jour
Qu'il était allé faire à l'Aurore sa cour
Parmi le thym et la rosée.
Après qu'il eut brouté, trotté, fait tous ses tours,
Janot Lapin retourne aux souterrains séjours[2].
10   La Belette avait mis le nez à la fenêtre.
« Ô dieux hospitaliers[3], que vois-je ici paraître ?

———————

1. Elle s'installa.
2. À son terrier.
3. Dieux protecteurs du logis.

Dit l'animal chassé du paternel logis.

Ô là ! Madame la Belette,

Que l'on déloge sans trompette,

15 Ou je vais avertir tous les rats du pays. »

La dame au nez pointu[1] répondit que la terre

Était au premier occupant[2].

C'était un beau sujet de guerre

Qu'un logis où lui-même il n'entrait qu'en

[rampant !

20 « Et quand ce serait un royaume,

Je voudrais bien savoir, dit-elle, quelle loi

En a pour toujours fait l'octroi[3]

À Jean, fils ou neveu de Pierre ou de Guillaume,

Plutôt qu'à Paul, plutôt qu'à moi. »

24 Jean Lapin allégua la coutume et l'usage.

« Ce sont, dit-il, leurs lois qui m'ont de ce logis

Rendu maître et seigneur, et qui, de père en fils,

L'ont de Pierre à Simon, puis à moi Jean transmis.

Le premier occupant, est-ce une loi plus sage ?

30 — Or bien, sans crier davantage,

Rapportons-nous[4], dit-elle, à Raminagrobis. »

C'était un Chat vivant comme un dévot ermite,

Un Chat faisant la chattemite[5],

Un saint homme de Chat, bien fourré, gros et gras,

35 Arbitre expert sur tous les cas.

---

1. La belette.
2. À celui qui en prend possession, qui y est installé.
3. L'a octroyé, l'a attribué.
4. Remettons-nous-en.
5. Affectant des manières douces et modestes.

Jean Lapin pour juge l'agrée[1].
Les voilà tous deux arrivés
Devant sa majesté fourrée[2].
Grippeminaud leur dit : « Mes enfants, approchez,
40 Approchez ; je suis sourd ; les ans en sont la
[cause. »
L'un et l'autre approcha, ne craignant nulle chose.
Aussitôt qu'à portée il vit les contestants,
Grippeminaud le bon apôtre,
Jetant des deux côtés la griffe en même temps,
45 Mit les plaideurs d'accord en croquant l'un et
[l'autre.
Ceci ressemble fort aux débats qu'ont parfois
Les petits souverains se rapportant aux rois[3].

FABLES, *1679,*
livre VII, fable 15.

Guide de lecture
....

1. **Vous ferez le plan du récit contenu dans cette fable et donnerez un titre à chacune des trois parties dont il se compose.**
2. **Vous dégagerez le caractère des trois animaux mis en scène.**

3. **Quelle image La Fontaine donne-t-il de la justice de son temps ?**

---

1. L'accepte.
2. Le chat.
3. S'en remettant aux rois, prenant les rois comme juges.

Dans le livre VIII, publié lui aussi en 1679, le ton se fait plus philosophique : à l'approche de ses soixante ans, La Fontaine réfléchit sur la condition humaine, essaie de déterminer un art de vivre.

Dans « le Savetier et le Financier », le raccommodeur de souliers s'interroge : qu'est-ce que le bonheur ? La richesse y contribue-t-elle ? Sa fortune assure-t-elle au financier la joie de vivre ?

Le Savetier et le Financier

Un Savetier[1] chantait du matin jusqu'au soir :
    C'était merveilles de le voir,
Merveilles de l'ouïr[2], il faisait des passages[3],
    Plus content qu'aucun des sept sages[4].
5 Son voisin au contraire, étant tout cousu d'or,
    Chantait peu, dormait moins encor.
    C'était un homme de finance[5].
Si sur le point du jour parfois il sommeillait,
Le Savetier alors en chantant l'éveillait,
10   Et le Financier se plaignait,
    Que les soins de la Providence
N'eussent pas au marché fait vendre le dormir,

---

1. Raccommodeur de souliers, cordonnier.
2. De l'entendre.
3. Il se livrait à des improvisations.
4. On appelait les sept sages sept philosophes et hommes politiques de l'Antiquité grecque du VIᵉ siècle av. J.-C.
5. Un financier, un banquier.

Comme le manger et le boire.

En son hôtel[1] il fait venir

15 Le chanteur, et lui dit : « Or ça, sire Grégoire,

Que gagnez-vous par an ? — Par an ? ma foi
[Monsieur,

Dit avec un ton de rieur,

Le gaillard[2] Savetier, ce n'est point ma manière

De compter de la sorte ; et je n'entasse guère

20 Un jour sur l'autre : il suffit qu'à la fin

J'attrape le bout de l'année :

Chaque jour amène son pain.

— Et bien que gagnez-vous, dites-moi, par
[journée ?

— Tantôt plus, tantôt moins : le mal est que
[toujours

25 (Et sans cela nos gains seraient assez honnêtes),

Le mal est que dans l'an s'entremêlent des jours

Qu'il faut chômer ; on nous ruine en Fêtes.

L'une fait tort à l'autre ; et Monsieur le Curé

De quelque nouveau Saint charge toujours son
[prône[3]. »

Le Financier, riant de sa naïveté,

Lui dit : « Je vous veux mettre aujourd'hui sur le
[trône.

Prenez ces cent écus[4] : gardez-les avec soin,

Pour vous en servir au besoin. »

_____

1. Hôtel particulier, habitation luxueuse.

2. En bonne santé, heureux de vivre.

3. Son sermon.

4. Pièces d'argent. Cent écus représentent une somme considérable au xviiᵉ siècle.

Le Savetier crut voir tout l'argent que la terre

35   Avait depuis plus de cent ans

           Produit pour l'usage des gens.

Il retourne chez lui ; dans sa cave il enserre [1]

           L'argent et sa joie à la fois.

           Plus de chant ; il perdit la voix

40 Du moment qu'il gagna ce qui cause nos peines.

           Le sommeil quitta son logis,

           Il eut pour hôtes les soucis [2],

           Les soupçons, les alarmes vaines.

Tout le jour il avait l'œil au guet [3] ; et la nuit,

45   Si quelque chat faisait du bruit,

Le chat prenait l'argent : à la fin le pauvre homme

S'en courut chez celui qu'il ne réveillait plus.

« Rendez-moi, lui dit-il, mes chansons et mon

                              [somme [4],

           Et reprenez vos cent écus. »

FABLES, *1679,*
livre VIII, fable 2.

Guide de lecture
....

**1. Vous montrerez
comment les compor-
tements des deux
personnages s'opposent
radicalement.
2. Comment le change-
ment d'attitude du**

savetier se manifeste-
t-il ?
3. Vous étudierez
l'expression du lyrisme.

---

1. Il range soigneusement.
2. Il eut pour invités les soucis. Les soucis ne le quittèrent plus.
3. Aux aguets.
4. Mon sommeil.

BOILEAU   *(1636-1711)*

·······································

L'ÉCRIVAIN.   Né à Paris, Nicolas Boileau-Despréaux
s'engage d'abord dans une carrière d'avocat. Attiré par la
littérature, il peut s'y consacrer entièrement après avoir
recueilli le solide héritage que lui laisse son père. Il mène
alors une vie mondaine et s'adonne à la poésie. Son
œuvre est constituée, pour l'essentiel, de poèmes didactiques, dont le but est d'instruire. Dans les *Satires* (1666-
1716), il s'attaque aux travers de son temps. Les *Épîtres*
(1670-1698) sont un recueil de lettres en vers (genre
hérité de l'Antiquité) où il exprime son avis sur les sujets
les plus divers. Dans l'*Art poétique* (1674), il développe sa
conception de la poésie. *Le Lutrin* (1674-1683) occupe
une place à part dans son œuvre : Boileau parodie le
style de l'épopée, et décrit avec humour le différend qui
éclate dans une église à propos de l'emplacement à
réserver à un lutrin (pupitre sur lequel on pose le livre
saint).

LE THÉORICIEN DU CLASSICISME.   Dans son œuvre, Boileau expose souvent ses conceptions de la littérature et
apparaît ainsi comme le théoricien du classicisme. Il
accorde une place essentielle aux écrivains de l'Antiquité
qui, selon lui, ont atteint la perfection en art et qu'il
convient donc d'imiter. Il considère que le travail, la technique sont indispensables pour bien écrire et ont plus
d'importance que l'inspiration ou l'imagination. L'ordre,
la raison, la clarté et la simplicité sont, pour lui, des
valeurs auxquelles tout bon écrivain doit obéir.

Sᴀᴛɪʀᴇs (1666-1716).　Boileau a composé douze satires.
Rédigées entre 1665 et 1705, elles ont été publiées de
1666 à 1716. La satire, genre en honneur dans l'Antiquité, s'attache à décrire avec réalisme les caractères et
les comportements des hommes, de façon à en dénoncer les vices et les ridicules. Elle a une fonction morale :
le poète satirique s'efforce de détourner le lecteur de
façons d'agir présentées comme négatives. Boileau respecte les règles du genre. Mais, en quelque quarante
ans de rédaction, son inspiration suit une évolution
sensible. Après s'être d'abord contenté de se moquer
des attitudes extérieures, il s'intéresse à la nature
humaine profonde, pour enfin, dans ses derniers
textes, aborder les problèmes religieux.

Dans la satire VI, à laquelle on a parfois donné un
titre, « les Embarras de Paris », Boileau dresse la liste
des nuisances dont était alors victime la capitale. Ce
tableau de Paris au xvɪɪᵉ siècle pourrait, avec les adapta-
tions nécessaires dues à la différence d'époque, tout à
fait convenir au Paris d'aujourd'hui.

« Tout conspire à la fois à troubler mon repos »

Tout conspire à la fois à troubler mon repos,
Et je me plains ici du moindre de mes maux :
Car à peine les coqs, commençant leur ramage,
Auront de cris aigus frappé le voisinage,
5　Qu'un affreux serrurier, que le ciel en courroux
A fait pour mes péchés, trop voisin de chez nous,
Avec un fer maudit, qu'à grand bruit il apprête,

De cent coups de marteau me va fendre la tête.
J'entends déjà partout les charrettes courir,
10 Les maçons travailler, les boutiques s'ouvrir :
Tandis que dans les airs mille cloches émues[1],
D'un funèbre concert font retentir les nues ;
Et, se mêlant au bruit de la grêle et des vents,
Pour honorer les morts font mourir les vivants.
15 Encor je bénirais la bonté souveraine,
Si le ciel à ces maux avait borné ma peine ;
Mais si seul en mon lit je peste avec raison,
C'est encor pis vingt fois en quittant la maison :
En quelque endroit que j'aille, il faut fendre la
                                              [presse[2]
20 D'un peuple d'importuns qui fourmillent sans cesse.
L'un me heurte d'un ais[3] dont je suis tout froissé[4],
Je vois d'un autre coup mon chapeau renversé.
Là, d'un enterrement la funèbre ordonnance[5],
D'un pas lugubre et lent vers l'église s'avance ;
25 Et plus loin des laquais l'un l'autre s'agaçant,
Font aboyer les chiens et jurer les passants.
Des paveurs en ce lieu me bouchent le passage.
Là, je trouve une croix[6] de funeste présage,
Et des couvreurs grimpés au toit d'une maison
30 En font pleuvoir l'ardoise et la tuile à foison[7].

---

1. Mises en branle.
2. La foule.
3. D'une planche.
4. Meurtri.
5. Le cortège funèbre.
6. La croix servait à signaler des travaux.
7. En grand nombre.

Là, sur une charrette une poutre branlante
Vient menaçant de loin la foule qu'elle augmente,
Six chevaux attelés à ce fardeau pesant
Ont peine à l'émouvoir[1] sur le pavé glissant.

Satires, *1666-1716,*
« *Satire VI* », *vers 13 à 46.*

---

1. À la remuer.

Guide de lecture

1. Vous ferez la liste des nuisances évoquées par Boileau, en essayant de les actualiser.
2. Vous analyserez les termes qui présentent la situation de façon négative.

3. Relevez les nombreux verbes d'action et montrez comment ils donnent une grande vivacité au récit.

Art poétique (1674). C'est surtout dans ce poème didactique que Boileau exprime ses conceptions littéraires. Comme son titre l'indique, cet ouvrage, divisé en quatre chants, c'est-à-dire en quatre parties, se présente comme un art de composer des poésies et, plus généralement, des œuvres littéraires. Il dresse la liste des moyens à mettre en action pour écrire des ouvrages de valeur. Dans le chant I, Boileau énumère les grandes règles que doit respecter l'écrivain. Dans le chant II, il examine ce qu'il considère comme des formes mineures, parmi lesquelles il range le sonnet (voir p. 321). Le chant III est consacré aux grands genres, dont l'épopée, la tragédie et la comédie. Enfin, le chant IV constitue une réflexion sur le statut et la démarche de l'écrivain.

Le chant I contient un résumé des règles du classicisme littéraire. Boileau multiplie les recommandations, fait le tour des contraintes auxquelles doit se plier tout bon écrivain. Dans le texte qui suit, il propose trois règles : la soumission à la clarté et à la raison ; le respect de la langue ; l'impérieuse nécessité du travail et de la technique.

« Vingt fois sur le métier remettez votre ouvrage »

Il est certains esprits dont les sombres pensées[1]
Sont d'un nuage épais toujours embarrassées :
Le jour de la raison ne le saurait percer.
Avant donc que d'écrire, apprenez à penser :
5 Selon que notre idée est plus ou moins obscure,
L'expression la suit, ou moins nette, ou plus pure ;
Ce que l'on conçoit bien s'énonce clairement,
Et les mots pour le dire arrivent aisément.
Surtout qu'en vos écrits la langue révérée
10 Dans vos plus grands excès[2] vous soit toujours
[sacrée.

---

1. Les pensées obscurcies, qui manquent de clarté.
2. Dans vos plus grandes hardiesses.

En vain vous me frappez d'un son mélodieux,
Si le terme est impropre ou le tour vicieux :
Mon esprit n'admet point un pompeux barbarisme[1],
Ni d'un vers ampoulé l'orgueilleux solécisme[2].
15 Sans la langue, en un mot, l'auteur le plus divin
Est toujours, quoi qu'il fasse, un méchant[3] écrivain.

    Travaillez à loisir, quelque ordre qui vous presse[4],
Et ne vous piquez point[5] d'une folle vitesse :
Un style[6] si rapide, et qui court en rimant,
20 Marque moins trop d'esprit que peu de jugement.
J'aime mieux un ruisseau qui, sur la molle arène[7],
Dans un pré plein de fleurs lentement se promène,
Qu'un torrent débordé[8] qui, d'un cours orageux,
Roule, plein de gravier, sur un terrain fangeux.
25 Hâtez-vous lentement, et, sans perdre courage,
Vingt fois sur le métier remettez votre ouvrage ;
Polissez-le sans cesse et le repolissez ;
Ajoutez quelquefois, et souvent effacez.
C'est peu qu'en un ouvrage où les fautes
                     [fourmillent
30 Des traits d'esprit semés de temps en temps
                     [pétillent :
Il faut que chaque chose y soit mise en son lieu,

---

1. Mot incorrect.
2. Faute de grammaire.
3. Mauvais.
4. Sans tenir compte de l'urgence de la commande.
5. Ne vous vantez pas.
6. Une plume.
7. Sur le sable mou.
8. Qui a débordé.

Que le début, la fin, répondent au milieu,
Que d'un art délicat les pièces assorties
N'y forment qu'un seul tout de diverses parties,
35 Que jamais du sujet le discours s'écartant
N'aille chercher trop loin quelque mot éclatant.

Art poétique, *1674,*
chant I, vers 146 à 181.

Guide de lecture

1. **Vous résumerez et commenterez les trois conseils que donne ici Boileau aux écrivains.**
2. **Vous relèverez et analyserez les nombreuses images (comparaisons, métaphores) contenues dans ce texte.**

3. **Vous montrerez que Boileau ne cesse d'opposer le travail et l'inspiration. Laquelle de ces deux notions privilégie-t-il ?**

LE CHEVALIER
DE MÉRÉ   *(1607-1684)*

L'HONNÊTE HOMME. Toute sa vie, Antoine Gombaud, chevalier de Méré, fréquenta assidûment les milieux mondains. Après Nicolas Faret (1596 ?-1646), il entreprit d'exposer les règles de comportement nécessaires pour faire bonne figure dans la société, pour être ce qu'on appelle alors un « honnête homme ». Conscient de la relativité des choses, l'honnête homme doit savoir s'adapter à toutes les circonstances et à tous les milieux. Sa simplicité, son authenticité et son naturel, ses connaissances générales, son refus du pédantisme lui permettent de briller sans ostentation. Passé maître dans l'art de la conversation, il sait éviter l'excès et cultive constamment la modération, la juste mesure.

Dans ses *Conversations* (1668), ses *Discours* (1671-1677) et ses *Lettres* (1682), le chevalier de Méré emploie une prose simple et harmonieuse qui correspond tout à fait à cet idéal de l'honnête homme qui lui est cher.

CONVERSATIONS (1668). Dans cette œuvre, le chevalier de Méré relate les entretiens qu'il eut avec le maréchal de Clérambault. Il en évoque les circonstances avec pittoresque, et s'attarde volontiers sur des descriptions de paysages souvent fines. Il rapporte, de façon vivante, les sujets abordés. La pédagogie y occupe une grande part, puisque le maréchal, qui doit bientôt être chargé de l'éducation du dauphin, envisage avec le chevalier de

Méré les méthodes à utiliser. À travers les conceptions pédagogiques exprimées se dessine le modèle de l'honnête homme à atteindre.

La « Troisième conversation » se déroule dans le cadre agréable d'un jardin fleuri. Les deux hommes s'interrogent sur les vertus respectives de l'artificiel et du naturel.

« Petit monde artificiel », « grand monde naturel »

Il y avait en ce jardin des orangers bien fleuris, dont la vue et l'odeur les réjouirent. Ils firent quelques tours d'allée, s'entretenant sur divers sujets. Après cela, s'étant assis sous les orangers :
5 « Jouissons de la retraite[1], dit le maréchal, goûtons le repos qu'elle nous donne, et nous entretenons en liberté. » « — Il me semble, dit le chevalier, que l'on vit plus en deux jours de loisir, et que l'on y sent mieux la vie qu'en deux ans d'affaire et d'embarras.
10 Je trouve aussi que l'on voit de plus grandes choses dans la retraite que dans le monde, ou du moins qu'on les y considère mieux. Car que voit-on de grand dans le monde, si ce n'est peut-être une armée, un siège de ville, ou la cour d'un prince ? On
15 s'y accoutume aussitôt, et tout cela ne paraît grand

---

1. De l'éloignement du monde.

que d'abord qu'on le voit[1]. Mais si nous regardons les divers ouvrages de la nature, le coucher du soleil, une nuit tranquille, et ces astres qui roulent si majestueusement sur nos têtes, nous en sommes toujours étonnés. Ceux qui ne pensent qu'à leur fortune sont occupés d'un petit monde artificiel qu'ils savent fort bien[2] ; mais ce grand monde naturel leur est inconnu. »

« C'est pourtant, reprit le maréchal, ce petit monde qui fait les grands hommes ou, pour mieux dire, qui les fait connaître. Car ceux qui n'en sont point, de quelque mérite qu'ils soient, meurent sans que l'on sache qu'ils aient vécu. Considérez d'ailleurs qu'il y a tel prince qu'on veut revoir pour peu qu'on l'ait vu et que la plus agréable solitude ne saurait faire oublier. Cette sorte de vie est comme un enchantement, je tourne toujours les yeux de ce côté-là. Et parce que je ne perds pas de vue notre jeune prince, je vous demande d'abord si vous croyez qu'on le doive élever si mollement et avec tous ces soins qu'on apporte volontiers à nourrir des personnes qui sont si chères ? »

« Je serais d'avis, répondit le chevalier, que l'on eût en cela de grands égards à sa constitution[3]. Cependant j'aimerais mieux que ce fût d'une façon plutôt un peu dure que si délicate, pourvu qu'il n'y eût rien à craindre. » « — On veut tant s'assurer du

---

1. Que lorsqu'on commence à le voir.
2. Qu'ils connaissent fort bien.
3. À son tempérament.

présent, dit le maréchal, qu'on hasarde pour
l'avenir. J'ai vu quantité de gens qu'une trop grande
45 délicatesse a perdus. On les voit élevés à ne pouvoir
souffrir rien d'incommode, ni le moindre dérègle-
ment[1]. Ils se couchaient et se levaient toujours à la
même heure, et vous savez si le monde permet que
l'on soit fait de la sorte. Aussi quand il fallait chan-
50 ger de vie, ils n'avaient pas respiré deux mois l'air de
l'armée qu'ils ne fussent morts ou mourants. Au lieu
que les autres, qui de bonne heure s'étaient accoutu-
més à tout, se portaient là comme ailleurs, et quelquefois mieux. »

CONVERSATIONS, *1668,*
« *Troisième conversation* ».

Guide de lecture

**1. Méré et le maréchal
abordent successive-
ment trois sujets de
conversation. Repérez-
les et montrez com-
ment les deux hommes
passent subtilement de
l'un à l'autre.
2. Quels principes
d'éducation ce texte
révèle-t-il ? Quelle**
conception de l'honnête
homme ces remarques
pédagogiques sup-
posent-elles ?
**3. Vous relèverez et
analyserez les passages
concernant l'artificiel et
le naturel. Par quels
procédés stylistiques
Méré oppose-t-il ces
deux notions ?**

---

1. Le moindre changement dans leurs habitudes.

LA ROCHEFOUCAULD
(1613-1680)

....

UNE AMPLE EXPÉRIENCE. Marié à l'âge de quinze ans, père de huit enfants, François de La Rochefoucauld connaît d'abord une existence aventureuse, complote contre Richelieu, puis est un des chefs des adversaires du pouvoir royal durant la Fronde. La défaite de son camp l'amène à renoncer à toute ambition politique. Il mène alors une vie mondaine. Grand séducteur, il s'engage dans de nombreuses intrigues sentimentales.

MAXIMES (1664-1678). Ce n'est que tardivement que La Rochefoucauld vient à la littérature. Sa vie et son ample expérience le disposent à réfléchir sur le comportement humain. À partir de 1658 et jusqu'à sa mort, il rédige des maximes dont la règle consiste à exprimer sous une forme très concise une vérité générale de façon brillante, voire paradoxale. La Rochefoucauld construit ses *Maximes* autour de la notion d'amour-propre qui sous-tend, selon lui, tout comportement humain. Cette sorte d'instinct vital pousse chaque individu à tout ramener à soi et à agir, en toute circonstance, en fonction de son seul intérêt. Les *Maximes,* suivies de *Réflexions diverses,* furent publiées de 1664 à 1678.

Les maximes 1 à 13 sont consacrées, pour l'essentiel, aux passions, ces sentiments violents qui ani-

ment l'homme. La Rochefoucauld y montre
comment l'être humain, aveuglé par l'amour-propre,
est totalement dominé par la violence des désirs divers et changeants dont il est l'esclave.

1

Ce que nous prenons pour des vertus n'est souvent
qu'un assemblage de diverses actions et de divers
intérêts que la fortune[1] ou notre industrie[2] savent
arranger ; et ce n'est pas toujours par valeur et par
5   chasteté que les hommes sont vaillants et que les
femmes sont chastes.

2

L'amour-propre est le plus grand de tous les flatteurs.

3

Quelque découverte que l'on ait faite dans le pays
10 de l'amour-propre, il y reste encore bien des terres
inconnues.

4

L'amour-propre est plus habile que le plus habile
homme du monde.

5

La durée de nos passions ne dépend pas plus de
15 nous que la durée de notre vie.

---

1. Le hasard.
2. Notre action.

6

La passion fait souvent un fou du pl
homme, et rend souvent les plus sots habiles.

7

Ces grandes et éclatantes actions qui éblouissent les
yeux sont représentées par les politiques comme les
effets des grands desseins, au lieu que ce sont d'ordinaire les effets de l'humeur et des passions. Ainsi
la guerre d'Auguste et d'Antoine[1], qu'on rapporte à
l'ambition qu'ils avaient de se rendre maîtres du
monde, n'était peut-être qu'un effet de jalousie.

8

Les passions sont les seuls orateurs qui persuadent
toujours. Elles sont comme un art de la nature dont
les règles sont infaillibles ; et l'homme le plus simple
qui a de la passion persuade mieux que le plus
éloquent qui n'en a point.

9

Les passions ont une injustice et un propre intérêt
qui fait qu'il est dangereux de les suivre, et qu'on
s'en doit défier, lors même qu'elles paraissent les
plus raisonnables.

10

Il y a dans le cœur humain une génération perpé-

---

1. Après l'assassinat de César, au Ier siècle av. J.-C., Auguste et Antoine,
amoureux l'un et l'autre de la reine d'Égypte Cléopâtre, se disputèrent
l'Empire romain.

35 tuelle de passions, en sorte que la ruine de l'une est
presque toujours l'établissement d'une autre.

11

Les passions en engendrent souvent qui leur sont
contraires. L'avarice produit quelquefois la prodigalité[1], et la prodigalité l'avarice ; on est souvent ferme
40 par faiblesse, et audacieux par timidité.

12

Quelque soin que l'on prenne de couvrir ses passions par des apparences de piété et d'honneur, elles
paraissent toujours au travers de ces voiles.

13

Notre amour-propre souffre plus impatiemment la
45 condamnation de nos goûts que de nos opinions.

MAXIMES, *1664-1678,*
maximes 1 à 13.

Guide de lecture
....

1. **Vous expliquerez
chaque de ces
maximes, en essayant
de dégager la concep-
tion générale des pas-
sions exprimée par La
Rochefoucauld.
2. Quel rôle l'amour-
propre joue-t-il dans la**
manifestation des
passions ?
3. **Vous montrerez
comment, dans un
souci de clarté, La
Rochefoucauld s'efforce
d'illustrer ses affirma-
tions par des exemples.**

---

1. La tendance à trop dépenser.

La Rochefoucauld a éprouvé le besoin de consacrer une longue maxime, la maxime 563, à l'analyse de toutes les caractéristiques de l'amour-propre. Il en montre la toute-puissance et l'omniprésence et détaille les multiples formes qu'il adopte pour s'imposer aux êtres humains.

« Voilà la peinture de l'amour-propre »

Il[1] est tous les contraires : il est impérieux et obéissant, sincère et dissimulé, miséricordieux et cruel, timide et audacieux. Il a de différentes inclinations, selon la diversité des tempéraments qui le
5   tournent et le dévouent tantôt à[2] la gloire, tantôt aux richesses, et tantôt aux plaisirs : il en change selon le changement de nos âges, de nos fortunes et de nos expériences, mais il lui est indifférent d'en avoir plusieurs[3] ou de n'en avoir qu'une, parce qu'il se
10   partage en plusieurs et se ramasse en une, quand il le faut, et comme il lui plaît. Il est inconstant, et outre les changements qui viennent des causes étrangères, il y en a une infinité qui naissent de lui et de son propre fonds[4] ; il est inconstant d'in-
15   constance, de légèreté, d'amour, de nouveauté, de

---

1. L'amour-propre.
2. Le mettent au service de.
3. D'avoir plusieurs inclinations.
4. De ses propres dispositions.

lassitude et de dégoût ; il est capricieux, et on le voit
quelquefois travailler avec le dernier empressement,
et avec des travaux incroyables, à obtenir des choses
qui ne lui sont point avantageuses, et qui même lui
20 sont nuisibles, mais qu'il poursuit parce qu'il les
veut. Il est bizarre, et met souvent toute son application dans les emplois[1] les plus frivoles ; il trouve
tout son plaisir dans les plus fades, et conserve toute
sa fierté dans les plus méprisables. Il est dans tous
25 les états de la vie et dans toutes les conditions ; il vit
partout et il vit de tout, il vit de rien ; il s'ac-
commode des choses et de leur privation ; il passe
même dans le parti des gens qui lui font la guerre, il
entre dans leurs desseins[2], et ce qui est admirable, il
30 se hait lui-même avec eux, il conjure sa perte[3], il travaille même à sa ruine ; enfin il ne se soucie que
d'être, et pourvu qu'il soit, il veut bien être son ennemi. Il ne faut donc pas s'étonner s'il se joint quelquefois à la plus rude austérité, et s'il entre si
35 hardiment en société avec elle pour se détruire,
parce que, dans le même temps qu'il se ruine en un
endroit, il se rétablit en un autre ; quand on pense
qu'il quitte son plaisir, il ne fait que le suspendre ou
le changer et lors même[4] qu'il est vaincu et qu'on
40 croit en être défait[5], on le retrouve qui triomphe

---

1. Dans les occupations.
2. Dans leurs intentions.
3. Il décide sa perte et s'y emploie.
4. Alors même.
5. En être débarrassé.

dans sa propre défaite. Voilà la peinture de l'amour-propre, dont toute la vie n'est qu'une grande et longue agitation : la mer en est une image sensible, et l'amour-propre trouve dans le flux et le reflux de
45 ses vagues continuelles une fidèle expression de la succession turbulente de ses pensées et de ses éternels mouvements.

MAXIMES, *1664-1678,*
maxime 563.

Guide de lecture

1. **Vous mènerez la lecture de ce texte en dégageant au fur et à mesure les différents aspects, souvent contradictoires, que revêt l'amour-propre et en montrant comment l'auteur le personnifie.**
2. **Vous relèverez et** analyserez les termes qui soulignent la puissance de l'amour-propre.
3. **Vous étudierez les nombreuses répétitions et énumérations que contient cette maxime. Quel effet produisent-elles ?**

Madame de Sévigné (1626-1696)

···

Une mère toute dévouée à sa fille. Madame de Sévigné a éprouvé une grande passion dans sa vie, celle qu'elle a vouée à son enfant, Françoise-Marguerite. À partir de 1651, année de la mort de son mari, tué dans un duel, sa fille devient sa préoccupation essentielle. La marquise de Sévigné n'a alors que vingt-cinq ans. Jeune femme cultivée, elle a su se constituer un cercle choisi d'amis, parmi lesquels madame de La Fayette, le cardinal de Retz et François de La Rochefoucauld, et brille des mille feux de son esprit dans les milieux mondains.

Mais son amour maternel éclipse tout le reste. Il va encore s'exacerber, lorsque Françoise-Marguerite épouse, en 1669, le comte de Grignan et s'installe en Provence avec lui. Cette séparation, en 1671, lui cause une souffrance insupportable. Elle essaie de l'atténuer en entretenant avec sa fille une correspondance régulière et en lui rendant fréquemment visite. C'est au cours d'un de ces séjours en Provence qu'elle meurt, à l'âge de soixante-dix ans, le 17 avril 1696.

Lettres (1640-1696). La correspondance de la marquise de Sévigné compte près de mille quatre cents lettres. Les premières datent de 1640, mais la plus grande partie d'entre elles ont été écrites entre 1671 et 1696 et publiées pour la première fois en 1696-1697 : sa fille en est le plus souvent la destinataire. Les lettres constituaient à cette époque un moyen de contact et d'information irremplaçable. Rédigées avec soin, voire avec art, elles répondaient souvent à des préoccupations littéraires et donnaient parfois lieu à des lectures « publiques » dans les salons. Madame de Sévigné, dans sa correspondance, montre tout son talent. Révélant la complexité de l'être humain, elle retrace aussi la chronique de l'époque ; elle mêle habilement le concret et l'abstrait, le comique et le tragique, le constat objectif et le lyrisme. Elle dresse un véritable panorama des formes littéraires en faisant se succéder récits, dialogues, portraits, peintures de paysages.

La lettre qui suit est antérieure au départ de la fille de madame de Sévigné pour la Provence. La marquise l'envoie à Coulanges, son cousin, pour lui relater un de ces événements mondains qui agitent la cour.

« Je m'en vais vous mander la chose la plus étonnante »

À Paris, ce lundi 15e décembre 1670.

J e m'en vais vous mander[1] la chose la plus étonnante, la plus surprenante, la plus merveilleuse, la plus miraculeuse, la plus triomphante, la plus étourdissante, la plus inouïe, la plus singulière, la plus extraordinaire, la plus incroyable, la plus impré-

---

1. Vous faire part, vous écrire.

vue, la plus grande, la plus petite, la plus rare, la plus
commune, la plus éclatante, la plus secrète jusqu'aujourd'hui, la plus brillante, la plus digne d'envie : enfin une chose dont on ne trouve qu'un exemple dans
10 les siècles passés, encore cet exemple n'est-il pas
juste ; une chose que l'on ne peut pas croire à Paris
(comment la pourrait-on croire à Lyon[1] ?) ; une
chose qui fait crier miséricorde à tout le monde ; une
chose qui comble de joie Mme de Rohan et Mme
15 d'Hauterive[2] ; une chose enfin qui se fera dimanche,
où ceux qui la verront croiront avoir la berlue ; une
chose qui se fera dimanche, et qui ne sera peut-être
pas faite lundi. Je ne puis me résoudre à la dire ; de-
vinez-la : je vous le donne en trois. Jetez-vous votre
20 langue aux chiens ? Eh bien ! il faut donc vous la
dire : M. de Lauzun[3] épouse dimanche[4] au Louvre,
devinez qui ? Je vous le donne en quatre, je vous le
donne en dix ; je vous le donne en cent. Mme de
Coulanges dit : Voilà qui est bien difficile à deviner ;
25 c'est Mme de la Vallière — Point du tout, Madame.
— C'est donc Mlle de Retz ? — Point du tout, vous
êtes bien provinciale. — Vraiment nous sommes
bien bêtes, dites-vous, c'est Mlle Colbert ? — Encore
moins. — C'est assurément Mlle de Créquy[5] ? —

---

1. Le cousin de madame de Sévigné séjourne alors à Lyon.

2. Ces deux dames, mariées à des gentilshommes de petite noblesse, sont
heureuses de voir la Grande Mademoiselle épouser, comme elles, un
homme qui lui est inférieur.

3. Gentilhomme gascon de petite noblesse et dont la vie aventureuse
défraie la chronique.

4. Il ne l'épousera en fait qu'en 1681.

5. Ces demoiselles sont des jeunes filles de haute noblesse à marier.

30 Vous n'y êtes pas. Il faut donc à la fin vous le dire : il épouse, dimanche, au Louvre, avec la permission du Roi, Mademoiselle, Mademoiselle de... Mademoiselle... devinez le nom : il épouse Mademoiselle[1], ma foi ! par ma foi ! ma foi jurée ! Mademoiselle, la

35 grande Mademoiselle ; Mademoiselle, fille de feu Monsieur[2], Mademoiselle, petite-fille de Henri IV ; mademoiselle d'Eu, mademoiselle de Dombes, mademoiselle de Montpensier, mademoiselle d'Orléans ; Mademoiselle, cousine germaine du Roi ;

40 Mademoiselle, destinée au trône ; Mademoiselle, le seul parti de France qui fût digne de Monsieur[3]. Voilà un beau sujet de discourir. Si vous criez, si vous êtes hors de vous-même, si vous dites que nous avons menti, que cela est faux, qu'on se moque de

45 vous, que voilà une belle raillerie, que cela est bien fade à imaginer ; si enfin vous nous dites des injures : nous trouverons que vous avez raison ; nous en avons fait autant que vous.

Adieu ; les lettres qui seront portées par cet ordi-
50 naire[4] vous feront voir si nous disons vrai ou non.

LETTRES, *1696-1697,*
lettre 72.

---

1. Titre donné à la fille du frère (Monsieur) du roi. On l'appelait couramment « la Grande Mademoiselle ».

2. Le frère de Louis XIII, Gaston d'Orléans.

3. Le frère de Louis XIV.

4. Par le courrier ordinaire.

Cette lettre est adressée à madame et à monsieur de Grignan. La fille de madame de Sévigné est près d'accoucher. Sa mère lui fait part de son inquiétude et gronde affectueusement son gendre : si les grossesses de sa fille se multiplient, elle viendra la lui reprendre.

« Mais vous êtes grosse jusqu'au menton »

Aux Rochers[1], dimanche 18e octobre 1671.

L'envie que vous avez d'envoyer ma première lettre à quelqu'un, afin qu'elle ne soit pas perdue, m'a fait rire, et souvenir d'une Bretonne qui

---

1. Propriété de madame de Sévigné en Bretagne.

voulait avoir un *factum*[1] qui m'avait fait gagner un
procès, pour gagner le sien aussi.

Vous voilà donc à Lambesc[2], ma fille ; mais vous
êtes grosse[3] jusqu'au menton. La mode de votre
pays me fait peur. Quoi ! ce n'est donc rien que de
ne faire qu'un enfant ; une fille n'oserait s'en
plaindre, et les dames en font ordinairement deux
ou trois. Je n'aime point cette grosseur excessive ;
tout au moins cela vous donne de cruelles in-
commodités.

Écoutez, monsieur de Grignan, c'est à vous que je
parle : vous n'aurez que des rudesses de moi pour
toutes vos douceurs. Vous vous plaisez dans vos
œuvres ; au lieu d'avoir pitié de ma fille, vous ne
faites qu'en rire. Il paraît bien que vous ne savez ce
que c'est que d'accoucher. Mais écoutez, voici une
nouvelle que j'ai à vous dire : c'est que, si après ce
garçon-ci vous ne lui donnez quelque repos, je croirai que vous ne l'aimez point et que vous ne m'aimez point aussi, et je n'irai point en Provence. Vos
hirondelles auront beau m'appeler, point de nouvelles ; et de plus j'oubliais ceci : c'est que je vous
ôterai votre femme. Pensez-vous que je vous l'aie
donnée pour la tuer, pour détruire sa santé, sa
beauté, sa jeunesse ? Il n'y a point de raillerie ; je
vous demanderai cette grâce à genoux en temps et
lieu. En attendant, admirez ma confiance de vous

---

1. Écrit qui consigne les arguments d'un plaideur dans un procès.
2. Ville proche d'Aix-en-Provence.
3. Enceinte.

faire une menace de ne point aller en Provence.
Vous voyez par là que vous ne perdez ni votre amitié, ni vos paroles ; nous sommes persuadés, notre
abbé et moi, que vous serez aises[1] de nous voir.

35 Nous vous mènerons la Mousse[2], qui vous rend
grâce de votre souvenir ; et pourvu que je ne trouve
point une femme grosse et toujours grosse et encore
grosse, vous verrez si nous ne sommes pas des gens
de parole. En attendant, ayez-en un soin extrême et

40 prenez garde qu'elle n'accouche à Lambesc. Adieu,
mon cher comte.

LETTRES, *1696-1697,*
lettre 159.

Guide de lecture

1. Ce texte est plein d'humour : vous relève-rez et analyserez les passages où cet humour apparaît. Parvient-il à masquer totalement l'inquiétude de madame de Sévigné ?

2. Comment madame de Sévigné conçoit-elle ses devoirs de mère ?

3. Quel type de rela-tions entretient-elle avec son gendre ? Vous repérerez la série d'oppositions qui arti-culent les reproches qu'elle lui adresse.

---

1. Vous serez content.
2. L'abbé La Mousse, qui accompagnait souvent madame de Sévigné dans ses voyages.

La mort du grand chef de guerre Turenne, tué au cours d'une campagne militaire, bouleverse la France durant cet été 1675. Madame de Sévigné ne cesse d'évoquer cet événement dans les lettres qu'elle adresse à sa fille. Elle y revient le 28 août : voici un extrait de cette lettre qui fournit un récit particulièrement détaillé de ce drame.

« Je ne veux point du tout être tué aujourd'hui »

À Paris, mercredi 28ᵉ août 1675.

I l voulait se confesser le soir, et en se cachotant[1] il avait donné les ordres pour le soir, et devait communier le lendemain, qui était le dimanche. Il croyait donner la bataille, et monter à cheval à deux
5 heures le samedi, après avoir mangé. Il avait bien des gens avec lui : il les laissa tous à trente pas de la hauteur où il voulait aller. Il dit au petit d'Elbeuf : « Mon neveu, demeurez là, vous ne faites que tourner autour de moi, vous me feriez reconnaître. » Il
10 trouva M. d'Hamilton[2] près de l'endroit où il allait, qui lui dit : « Monsieur, venez par ici ; on tirera où vous allez. — Monsieur, lui dit-il, je m'y en vais : je ne veux point du tout être tué aujourd'hui : cela sera le mieux du monde. » Il tournait son cheval, il aper-

---

1. En se cachant, sans conviction.
2. Un des officiers généraux de l'armée.

15 çut Saint-Hilaire[1], qui lui dit le chapeau à la main :
« Monsieur, jetez les yeux sur cette batterie que j'ai
fait mettre là. » Il retourne deux pas, et sans être arrêté il reçut le coup qui emporta le bras et la main
qui tenaient le chapeau de Saint-Hilaire, et perça le
20 corps après avoir fracassé le bras de ce héros. Ce
gentilhomme le regardait toujours ; il ne le voit
point tomber ; le cheval l'emporta où il avait laissé le
petit d'Elbeuf et n'était point encore tombé[2], mais il
était penché le nez sur l'arçon[3] : dans ce moment, le
25 cheval s'arrête, il tomba entre les bras de ses gens ; il
ouvrit deux fois de grands yeux et la bouche et puis
demeura tranquille pour jamais : songez qu'il était
mort et qu'il avait une partie du cœur emportée. On
crie, on pleure ; M. d'Hamilton fit cesser ce bruit et
30 ôter le petit d'Elbeuf, qui était jeté sur ce corps, qui
ne le voulait pas quitter, et qui se pâmait de crier[4].
On jette un manteau ; on le porte dans une haie ; on
le garde à petit bruit[5] ; un carrosse vient ; on l'emporte dans sa tente : ce fut là où M. de Lorges, M. de
35 Roye[6], et beaucoup d'autres pensèrent mourir de
douleur ; mais il fallut se faire violence et songer aux
grandes affaires qu'il avait sur les bras. On lui a fait
un service militaire dans le camp, où les larmes et les

---

1. Responsable de l'artillerie.
2. Turenne n'était pas encore tombé.
3. Arcade qui forme le corps de la selle.
4. Qui était au bord de l'évanouissement à force de crier.
5. Sans ébruiter la nouvelle de sa mort.
6. Deux neveux de Turenne.

cris faisaient le véritable deuil : tous les officiers
40 pourtant avaient des écharpes de crêpe[1], tous les
tambours en étaient couverts, qui ne frappaient
qu'un coup ; les piques traînantes et les mousquets[2]
renversés ; mais ces cris de toute une armée ne se
peuvent pas représenter, sans que l'on en soit ému.
45 Ses deux véritables neveux[3] (car pour l'aîné[4] il faut
le dégrader) étaient à cette pompe, dans l'état que
vous pouvez penser. M. de Roye tout blessé s'y fit
porter ; car cette messe ne fut dite que quand ils
eurent passé le Rhin. Je pense que le pauvre cheva-
50 lier était bien abîmé de douleur[5].

LETTRES, 1696-1697,
LETTRE 338.

---

1. Tissu noir porté en signe de deuil.
2. Armes à feu.
3. Monsieur de Lorges et monsieur de Roye.
4. Allusion au duc de Bouillon.
5. Plongé dans un abîme de douleur.

Guide de lecture

1. **Vous ferez le plan du récit, en en dégageant les différents moments.**
2. **Comment l'auteur crée-t-elle une atmosphère dramatique ?**
3. **Vous relèverez et étudierez tous les détails concrets qui rendent compte de la vie militaire au XVIIe siècle.**

Après la mort glorieuse de Turenne, c'est la mort ignominieuse de la marquise de Brinvilliers, compromise
dans l'« affaire des poisons », que l'auteur évoque à l'intention de sa fille dans la lettre suivante.

« Elle a empoisonné dix fois de suite son père »

À Paris, ce vendredi 17ᵉ juillet 1676.

Enfin c'en est fait, la Brinvilliers est en l'air : son pauvre petit corps a été jeté, après l'exécution, dans un fort grand feu, et les cendres au vent ; de sorte que nous la respirerons, et par la communica-
5 tion des petits esprits[1], il nous prendra quelque humeur empoisonnante, dont nous serons tous étonnés[2]. Elle fut jugée dès hier ; ce matin on lui a lu son arrêt, qui était de faire amende honorable à Notre-Dame, et d'avoir la tête coupée, son corps
10 brûlé, les cendres au vent. On l'a présentée à la question[3] : elle a dit qu'il n'en était pas besoin, et qu'elle dirait tout ; en effet, jusqu'à cinq heures du soir elle a conté sa vie, encore plus épouvantable qu'on ne le pensait. Elle a empoisonné dix fois de
15 suite son père (elle ne pouvait en venir à bout), ses frères et plusieurs autres ; et toujours l'amour et les confidences mêlées partout.

Elle n'a rien dit contre Penautier[4]. Après cette confession, on n'a pas laissé[5] de lui donner la ques-
20 tion dès le matin, ordinaire et extraordinaire : elle

_____

1. Les petits esprits étaient, d'après Descartes, des particules qui animaient les êtres vivants.

2. Frappés de stupeur (sens fort).

3. Torture plus ou moins douloureuse (ordinaire ou extraordinaire) destinée à obtenir les aveux des accusés.

4. Un des coïnculpés de la Brinvilliers.

5. On n'a pas cessé.

n'en a pas dit davantage. Elle a demandé à parler à monsieur le procureur général ; elle a été une heure avec lui : on ne sait point encore le sujet de cette conversation. À six heures on l'a menée nue en che-
25 mise et la corde au cou, à Notre-Dame, faire l'amende honorable ; et puis on l'a remise dans le même tombereau, où je l'ai vue, jetée à reculons sur de la paille, avec une cornette [1] basse et sa chemise, un docteur [2] auprès d'elle, le bourreau de l'autre côté :
30 en vérité cela m'a fait frémir. Ceux qui ont vu l'exécution disent qu'elle a monté sur l'échafaud avec bien du courage. Pour moi, j'étais sur le pont Notre-Dame, avec la bonne d'Escars [3], jamais il ne s'est vu tant de monde, ni Paris si ému ni si attentif ; et de-
35 mandez-moi ce qu'on a vu, car pour moi je n'ai vu qu'une cornette ; mais enfin ce jour était consacré à cette tragédie. J'en saurai demain davantage, et cela vous reviendra [4].

LETTRES, *1696-1697,*
lettre 444.

Guide de lecture

1. **Dégagez les éléments de ce récit en en soulignant la précision.**
2. **Montrez comment madame de Sévigné** atténue l'horreur de l'événement.
3. **Notez le mélange de compassion et d'indifférence qui caractérise ses réactions.**

---

1. Coiffure, bonnet.
2. Un docteur en théologie, un ecclésiastique.
3. La bonne d'Escars, une amie de madame de Sévigné.
4. Je vous en ferai part.

LE CARDINAL DE RETZ
(1613-1679)

....

L'AMOUR DE LA POLITIQUE.   Le cardinal de Retz connut une vie agitée. Attiré dans sa jeunesse par les plaisirs de l'amour et par les intrigues politiques, il s'engage ensuite, sans vocation comme c'était souvent le cas à l'époque, dans une brillante carrière ecclésiastique. Il joue un rôle politique important durant la Fronde en se posant comme un intermédiaire entre les frondeurs et le pouvoir royal. Après la victoire de Mazarin, il est arrêté, payant ainsi son comportement louvoyant. Il parvient à s'évader de sa prison et se réconcilie finalement avec le roi, qui lui confie plusieurs missions diplomatiques.

MÉMOIRES (1675-1679).   Dans ses *Mémoires* restés inachevés, le cardinal de Retz retrace, avec beaucoup d'entrain et un sens certain de l'analyse politique, cette vie bien remplie où il fut, à la fois, témoin et acteur de l'Histoire. Il montre comment, parfois, les intérêts individuels et les humeurs passagères nuisent à la raison d'État. Il révèle l'importance du hasard et des circonstances qui orientent les destinées, tantôt favorisent, tantôt contrarient les plans les plus habiles. Son œuvre ne fut publiée pour la première fois qu'en 1717, après la mort de Louis XIV.

Après l'échec de la Fronde, le cardinal de Retz est arrêté. D'abord détenu à Vincennes, il est ensuite emprisonné à Nantes dans une place forte. Il décide bientôt de s'évader. Voici le début du récit mouvementé de cette évasion rocambolesque.

« Je descendis, un bâton entre les jambes »

J e me sauvai un samedi 8 d'août, à cinq heures du soir ; la porte du petit jardin se referma après moi presque naturellement ; je descendis, un bâton entre les jambes, très heureusement, du bastion, qui
5 avait quarante pieds de haut[1]. Un valet de chambre, qui est encore à moi, qui s'appelle Fromentin, amusa mes gardes en les faisant boire. Ils s'amusaient eux-mêmes à regarder un jacobin[2] qui se baignait et qui, de plus, se noyait. La sentinelle, qui
10 était à vingt pas de moi, mais en lieu d'où elle ne pouvait pourtant me joindre, n'osa me tirer[3], parce que, lorsque je lui vis compasser sa mèche[4], je lui criai que je le ferais pendre si il tirait, et il avoua, à la question, qu'il crut, sur cette menace, que le maré-
15 chal[5] était de concert avec moi. Deux petits pages qui se baignaient, et qui, me voyant suspendu à ' corde, crièrent que je me sauvais, ne furent écoutés, parce que tout le monde s'imagina appelaient les gens au secours du jacobin qui
20 gnait. Mes quatre gentilshommes se tr point nommé au bas du ravelin[6], où ils ?

---

1. Le pied valait trente-trois centimètres. Le bastion f de treize mètres de haut.
2. Religieux de l'ordre de Saint-Dominique, appel dominicains.
3. Tirer sur moi.
4. Régler la mèche destinée à mettre le feu à
5. Le maréchal de la Meilleraie, chargé de ' prison.
6. Fortification en forme de demi-lune.

semblant de faire abreuver leurs chevaux, comme si ils eussent voulu aller à la chasse. Je fus à cheval moi-même, devant[1] qu'il y eût seulement la
25   moindre alarme, et, comme j'avais quarante-deux relais[2] posés entre Nantes et Paris, j'y serais arrivé infailliblement le mardi à la pointe du jour, sans un accident que je puis dire avoir été le fatal et le décisif du reste de ma vie.

Mémoires, *1717,*
deuxième partie.

Guide de lecture

I. Cet extrait se lit comme un roman. Comment le cardinal de Retz entretient-il le suspense ?
2. Retz souligne, à plusieurs reprises, l'importance du hasard : de quelle manière ?

3. Vous relèverez et commenterez les détails qui permettent de reconstituer la vie quotidienne de l'époque.

---

[1] Avant.
[2] Il s'agit de relais de chevaux.

SAINT-ÉVREMOND
(1613-1703)

....

L'ESPRIT CRITIQUE. Charles de Saint-Évremond est un continuateur de la pensée libertine (voir p. 139). Ce mondain ami des plaisirs, exilé en Angleterre à l'âge de quarante-huit ans pour s'être opposé à la politique extérieure de Louis XIV, a laissé une production abondante et diverse. Pratiquant de nombreux genres (comédies, pamphlets, essais), il donne libre cours à son esprit critique et, bien avant les philosophes du XVIIIe siècle, dénonce les abus, les préjugés et les intolérances. Il a participé à la querelle des Anciens et des Modernes (voir p. 312) ; dans cette polémique, il adopte une position de juste milieu, considérant qu'il convient d'adapter la littérature à la situation contemporaine, tout en tenant compte des leçons du passé.

RÉFLEXIONS SUR LES DIVERS GÉNIES DU PEUPLE ROMAIN (1684). Cet ouvrage a été écrit vers 1664 ; une partie parut en 1668, mais il fallut attendre 1684 pour que l'ensemble soit publié. Dans cette étude historique, Saint-Évremond analyse l'évolution des mentalités du peuple romain à travers son histoire. Il ne se contente pas de décrire les faits. Il essaie de les expliquer : il en montre la relativité, il en donne les causes morales et sociales, il minimise l'importance des individus en soulignant qu'il convient de les juger en fonction de leur véritable valeur et non d'après les succès obtenus ou la renommée acquise. C'est un constat objectif, débarrassé des préjugés, qu'il tente d'établir dans cet essai de philosophie politique qui annonce Montesquieu (voir volume consacré au XVIIIe siècle).

Au début du chapitre premier, Saint-Évremond prévient le lecteur : il s'efforcera de saisir la vérité et ne se laissera pas abuser par les explications mythiques que fournissent traditionnellement les historiens.

« Je hais les admirations fondées sur les contes »

Il est de l'origine des peuples comme des généalogies des particuliers, on ne peut souffrir[1] des commencements bas et obscurs ; ceux-ci vont à la chimère, ceux-là donnent dans les fables[2]. Les
5 hommes sont naturellement défectueux et naturellement vains[3]. Parmi eux, les fondateurs des États, les conquérants, peu satisfaits de la condition humaine dont ils connaissent les faiblesses et les défauts, ont cherché bien souvent hors d'elle la cause
10 de leur mérite. Et de là vient que les Anciens ont voulu tenir ordinairement à quelque dieu dont ils se disaient descendus, ou dont ils reconnaissaient une protection particulière. Quelques-uns ont fait semblant d'en être persuadés pour persuader les autres,

---

1. On ne peut supporter.
2. Les uns font appel à l'imagination, les autres à la légende.
3. Ont par nature des défauts et sont par nature vaniteux.

et se sont servis ingénieusement d'une tromperie avantageuse qui donnait de la vénération pour leurs personnes et de la soumission à leur puissance. Il y en a eu qui s'en sont flattés sérieusement. Le mépris qu'ils faisaient des hommes et l'opinion présomptueuse qu'ils avaient de leurs grandes qualités leur a fait chercher chimériquement une origine différente de la nôtre. Mais il est arrivé plus souvent que les peuples, pour se faire honneur et par un esprit de gratitude envers ceux qui les avaient bien servis, ont donné cours à cette sorte de fables.

Les Romains n'ont pas été exempts de cette vanité-là ; ils ne se sont pas contentés de vouloir appartenir à Vénus par Énée[1], conducteur des Troyens en Italie ; ils ont rafraîchi leur alliance avec les dieux par la fabuleuse naissance de Romulus[2] qu'ils ont cru fils du dieu Mars et qu'ils ont fait dieu lui-même après sa mort.

Numa, son successeur, n'eut rien de divin en sa race, mais la sainteté de sa vie lui donna une communication particulière avec la déesse Égéria[3] et ce commerce[4] ne lui fut pas d'un petit secours pour établir ses cérémonies.

Enfin les destins n'eurent autre soin[5] que de fonder Rome, si on les croit, jusque-là qu'une provi-

---

1. D'après la légende, les Romains descendraient du prince troyen Énée, fils de Vénus qui, après la chute de Troie, s'installa en Italie.

2. Fondateur légendaire de Rome, avec son frère Rémus.

3. Nymphe dont le roi Numa recevait les conseils.

4. Cette fréquentation.

5. N'eurent d'autre souci.

40 dence industrieuse[1] voulut ajouter les divers génies[2]
de ses rois aux différents besoins de son peuple.

Je hais les admirations fondées sur des contes ou
établies par l'erreur des faux jugements. Il y a tant de
choses vraies à admirer chez les Romains que c'est
45 leur faire tort que de les vouloir favoriser par des
fables. Leur ôter toute vaine considération[3], c'est les
servir. Dans ce dessein, il m'a pris envie de les considérer par eux-mêmes, sans aucun assujettissement à
de vaines opinions laissées et reçues. Le travail
50 serait ennuyeux si j'entrais exactement dans toutes
les particularités, mais je ne m'amuserai pas beaucoup au détail des actions, je me contenterai de
suivre le génie de quelques temps mémorables[4] et
l'esprit différent dont on a vu Rome diversement
55 animée.

RÉFLEXIONS SUR LES DIVERS GÉNIES DU PEUPLE ROMAIN, *1684,*
chapitre I.

Guide de lecture

**1. Vous dégagerez et
expliquerez les prin-
cipes que Saint-Évre-
mond entend suivre
dans l'analyse histo-
rique.
2. Pourquoi, à son avis,**
donne-t-on des explica-
tions mythiques à la
naissance des États ?
**3. Vous montrerez en
quoi Saint-Évremond
manifeste ici ses posi-
tions libertines.**

---

1. À tel point qu'une providence habile, ingénieuse.
2. Les différents caractères, tempéraments.
3. Toute considération d'apparence, toute fausse considération.
4. Les particularités de quelques temps dignes de mémoire.

BOSSUET   *(1627-1704)*

....

L'ÉLOQUENCE RELIGIEUSE. Jacques-Bénigne Bossuet apparaît, dans la littérature française, comme le symbole de l'éloquence religieuse. Né à Dijon, il s'engage, après une enfance et une adolescence studieuses, dans une carrière ecclésiastique et exerce, jusqu'en 1659, son sacerdoce à Metz. C'est sous la pression de son ami, Vincent de Paul, qu'il vient alors à Paris, où il se fait connaître, à la fois du peuple et de la cour, pour son talent de prédicateur. Nommé évêque de Condom, près d'Auch, en 1669, il est chargé, de 1670 à 1680, de l'éducation du fils aîné de Louis XIV. Il devient ensuite évêque de Meaux et mérite alors le surnom d'Aigle de Meaux que lui vaut la hauteur de sa pensée.

Bossuet a écrit de nombreux ouvrages théoriques, didactiques et polémiques. Mais il compte surtout pour son éloquence, qui s'exprime dans ses sermons, comme le *Sermon sur l'éminente dignité des pauvres* (1659) ou le *Sermon sur la mort* (1662), et ses oraisons funèbres, par exemple l'*Oraison funèbre d'Henriette d'Angleterre* (1670) et l'*Oraison funèbre de Condé* (1687).

SERMON SUR L'ÉMINENTE DIGNITÉ DES PAUVRES (1659). Ce sermon a été prononcé au Séminaire des Filles de la Providence, dans un but très précis : inciter l'auditoire à se montrer généreux envers cette institution qui vient en aide aux pauvres. Voilà qui donne l'occasion à Bossuet de se faire l'apôtre de la charité et de la justice.

Les sermons se présentent comme des commentaires d'extraits de textes sacrés. Après un exorde (introduction) qui présente à l'auditoire le sujet du jour, ils comportent deux ou trois points distincts et s'achèvent sur une péroraison, c'est-à-dire une conclusion qui tire les enseignements principaux.

Dans la péroraison qui conclut le *Sermon sur l'éminente dignité des pauvres*, Bossuet revient sur les devoirs des riches : il leur faut non seulement secourir, mais également honorer les pauvres. Et il invite ses auditeurs à mettre en pratique son enseignement en se montrant généreux envers les Filles de la Providence.

« Ô riches, que vous êtes pauvres ! »

Donc, ô pauvres, que vous êtes riches ! mais, ô riches, que vous êtes pauvres ! Si vous vous tenez à vos propres biens, vous serez privés pour jamais des biens du Nouveau Testament, et il ne
5   vous restera pour votre partage que ce *Væ*[1] terrible de l'Évangile. Ha ! pour détourner ce coup de foudre, pour vous mettre heureusement à couvert de cette malédiction inévitable, jetez-vous sous l'aile de la pauvreté ; entrez en commerce avec les
10   pauvres[2] : donnez, et vous recevrez ; donnez les biens temporels, et recueillez les bénédictions spirituelles : prenez part aux misères des affligés, et Dieu vous donnera part à leurs privilèges.

---

1. Mot latin qui signifie « Hélas ! ».
2. Entrez en relation avec les pauvres.

C'est ce que j'avais à vous dire touchant les avantages de la pauvreté et la nécessité de la secourir.
Après quoi il ne me reste plus autre chose à faire,
sinon de m'écrier avec le prophète : « *Beatus qui intelligit super egenum et pauperem* », « Heureux celui qui
entend sur l'indigent[1] et sur le pauvre ! » Il ne suffit
pas, Chrétiens, d'ouvrir sur les pauvres les yeux de
la chair, mais il faut les considérer par les yeux de
l'intelligence : *Beatus qui intelligit.* Ceux qui les regardent des yeux corporels, ils n'y voient rien que
de bas, et ils les méprisent. Ceux qui ouvrent sur eux
l'œil intérieur, je veux dire l'intelligence guidée par
la foi, ils remarquent en eux Jésus-Christ ; ils y
voient les images de sa pauvreté, les citoyens de son
royaume, les héritiers de ses promesses, les distribu-
teurs de ses grâces, les enfants véritables de son
Église, les premiers membres de son corps mys-
tique. C'est ce qui les porte à les assister avec un empressement charitable. Mais encore n'est-ce pas assez de les secourir dans leurs besoins. Tel assiste le
pauvre, qui n'est pas intelligent sur le pauvre[2]. Celui
qui leur distribue quelque aumône, ou contraint par
leurs pressantes importunités, ou touché par quelque compassion naturelle, il soulage la misère du
pauvre ; mais néanmoins il est véritable qu'il n'est
pas intelligent sur le pauvre. Celui-là entend véritablement le mystère de la charité, qui considère les
pauvres comme les premiers enfants de l'Église ;

---

1. Heureux celui qui comprend les besoins de l'indigent.
2. Qui ne comprend pas le pauvre.

qui, honorant cette qualité, se croit obligé de les servir ; qui n'espère de participer aux bénédictions de
l'Évangile que par le moyen de la charité et de la
45 communication fraternelle.

Donc, mes Frères, ouvrez les yeux sur cette maison indigente[1], et soyez intelligents sur ses pauvres.
Si je demandais vos aumônes pour une seule personne, tant de grandes et importantes raisons qui
50 vous obligent à la charité devraient émouvoir vos
cœurs. Maintenant j'élève ma voix au nom d'une
maison tout entière, et encore d'une maison chargée d'une multitude nombreuse de pauvres filles entièrement délaissées. Faut-il vous représenter et le
55 péril de ce sexe et les suites dangereuses de sa pauvreté, l'écueil le plus ordinaire où sa pudeur fait naufrage ? Que serviront les paroles, si la chose même
ne vous touche pas ? Entrez dans cette maison, prenez connaissance de ses besoins ; et si vous n'êtes
60 touchés de l'extrémité où elle est réduite, je ne sais
plus, mes Frères, ce qui sera capable de vous attendrir.

Sermon sur l'éminente dignité des pauvres, *1659,*
péroraison.

Guide de lecture

1. **Vous ferez le plan de
ce passage, en mon-
trant comment Bossuet
passe progressivement
d'une affirmation géné-
rale à l'appel particulier
à la générosité.**

2. **Comment le riche
doit-il considérer le
pauvre ?**

3. **Quelles sont les
raisons qui doivent
inciter les riches à
donner aux pauvres ?**

---

1. Le Séminaire des Filles de la Providence.

Oraison funèbre d'Henriette d'Angleterre (1670).

Bossuet fut chargé de prononcer cette oraison funèbre, le 21 août 1670 à l'abbaye de Saint-Denis. La mort
d'Henriette d'Angleterre, jeune femme de vingt-six
ans, fille du roi d'Angleterre et épouse du duc
d'Orléans, frère de Louis XIV, comblée par la vie,
donna à l'orateur l'occasion de mettre en avant la relativité des choses humaines. Il respectait ainsi le genre
de l'oraison funèbre destiné, à partir d'un exemple
illustre, à convaincre l'auditoire de la supériorité de la
vie éternelle sur la vie terrestre. Comme le sermon,
l'oraison funèbre se compose d'un exorde, d'un développement en plusieurs points et d'une péroraison.

Le texte qui suit est extrait de la première partie.
Après avoir retracé la vie d'Henriette d'Angleterre,
Bossuet s'attarde sur les circonstances dramatiques de
sa mort.

« Madame se meurt, Madame est morte ! »

Considérez, messieurs, ces grandes puissances
que nous regardons de si bas. Pendant que
nous tremblons sous leur main, Dieu les frappe pour
nous avertir. Leur élévation en est la cause ; et il les
5 épargne si peu qu'il ne craint pas de les sacrifier à
l'instruction du reste des hommes. Chrétiens, ne
murmurez pas si Madame[1] a été choisie pour nous

---

1. On appelait alors le duc d'Orléans, frère du roi, « Monsieur » et son
épouse « Madame ».

donner une telle instruction. Il n'y a rien ici de rude
pour elle, puisque, comme vous le verrez dans la
10 suite, Dieu la sauve par le même coup qui nous instruit. Nous devrions être assez convaincus de notre
néant ; mais s'il faut des coups de surprise à nos
cœurs enchantés de l'amour du monde[1], celui-ci est
assez grand et assez terrible. Ô nuit désastreuse ! ô
15 nuit effroyable, où retentit tout à coup, comme un
éclat de tonnerre, cette étonnante[2] nouvelle : Madame se meurt, Madame est morte ! Qui de nous ne
se sentit frappé à ce coup, comme si quelque tragique accident avait désolé sa famille ? Au premier
20 bruit d'un mal si étrange[3], on accourut à Saint-
Cloud de toutes parts ; on trouve tout consterné, excepté le cœur de cette princesse. Partout on entend
des cris, partout on voit la douleur et le désespoir, et
l'image de la mort. Le roi, la reine, Monsieur, toute
25 la cour, tout le peuple, tout est abattu, tout est désespéré, et il me semble que je vois l'accomplisse-
ment de cette parole du prophète[4] : « Le roi pleurera,
le prince sera désolé, et les mains tomberont au
peuple, de douleur et d'étonnement[5] ».

30 Mais et les princes et les peuples gémissaient en
vain. En vain Monsieur, en vain le roi même tenait
Madame serrée par de si étroits embrassements.

---

1. Ensorcelés par l'amour des biens terrestres.
2. Qui agit comme un coup de tonnerre.
3. La mort subite d'Henriette d'Angleterre fut peut-être causée par un empoisonnement.
4. Ézéchiel (VII, 27).
5. De stupeur.

Alors ils pouvaient dire l'un et l'autre, avec saint
Ambroise : « *Stringebam brachia, sed jam amiseram*
35 *quam tenebam ;* je serrais les bras, mais j'avais déjà
perdu ce que je tenais ». La princesse leur échappait
parmi des embrassements si tendres, et la mort plus
puissante nous l'enlevait entre ces royales mains.
Quoi donc, elle devait périr si tôt ! Dans la plupart
40 des hommes, les changements se font peu à peu, et
la mort les prépare ordinairement à son dernier
coup. Madame cependant a passé du matin au soir,
ainsi que l'herbe des champs. Le matin elle fleuris-
sait ; avec quelles grâces, vous le savez : le soir, nous
45 la vîmes séchée, et ces fortes expressions, par lesquelles l'Écriture sainte exagère[1] l'inconstance des
choses humaines, devaient être pour cette princesse
si précises et si littérales.

ORAISON FUNÈBRE D'HENRIETTE D'ANGLETERRE, *1670,*
première partie.

Guide de lecture
....

1. **Vous relirez ce texte,
en prenant comme fil
directeur l'expression
de la douleur.
2. Qu'est-ce qui rend la
mort d'Henriette
d'Angleterre parti-**
culièrement drama-
tique ?
3. **Quel enseignement
Bossuet tire-t-il de
cette mort ?**

---

1. Accentue.

La diversité classique

S i ce qu'on appelle le classicisme réunit les écrivains de ces années 1661-1685 ayant en commun un certain nombre de constantes, ce courant est loin d'être monolithique, mais produit, au contraire, une grande diversité d'écritures. En témoignent, en particulier, la coexistence et le succès de deux genres théâtraux fort différents, la comédie et la tragédie. Sur un autre plan, l'aspiration à une raison unificatrice n'empêche pas la manifestation du goût pour le lyrisme, cette expression des sentiments personnels.

L'esprit classique

L' esprit classique repose, avant tout, sur la conception d'un monde achevé, intangible, qui obéit à des lois rigoureuses : l'amour-propre est ainsi, pour La Rochefoucauld, une pulsion que nul ne peut éviter (voir p. 249) tandis que, pour Bossuet, Dieu tient entre ses mains les destinées humaines (voir p. 275). L'homme, enfermé à l'intérieur de sa condition et de son milieu, n'est pas libre. Comme les personnages ridicules de

Molière (voir p. 147), il peut être entièrement dépendant d'une manie exclusive, ou, comme le héros racinien (voir p. 179), il se trouve soumis à une fatalité contre laquelle il ne peut rien.

Dans ce monde régi par l'absolu, l'être humain, limité par le caractère relatif de sa condition, ne peut qu'aspirer, sans illusion, à un idéal exigeant impossible à atteindre, qu'il ne peut qu'approcher : l'honnête homme, comme le chevalier de Méré, s'efforce d'avoir le comportement social le mieux adapté et le plus harmonieux (voir p. 242), tandis que madame de Sévigné rêve, en étant sans cesse déçue, d'entretenir avec sa fille des relations fondées sur une parfaite confiance (voir p. 256).

L'esthétique classique

La conception de l'art, telle que l'exprime notamment Boileau (voir p. 238), s'inscrit dans cette perspective. Elle repose sur le respect de règles et sur l'imitation des auteurs de l'Antiquité qui sont censés avoir atteint la perfection. Comme eux, l'auteur classique écrit pour ses contemporains mais, de façon plus ambitieuse, il vise à la reconnaissance de la postérité.

L'écriture classique se propose pour but d'atteindre à cet idéal de perfection et d'universalité. La simplicité, la sobriété et la clarté de l'expression apparaissent indispensables pour saisir l'essentiel et pour éviter au lecteur ou au spectateur de se perdre dans le superflu. La recherche de la vraisemblance, c'est-à-dire de ce qui paraît vrai, permet d'être compris du plus grand nombre. Le respect des bienséances évite de choquer et crée ainsi une sorte de consensus social, de normalité. Les classiques participent, de cette manière, à l'entreprise de Louis XIV en vue d'établir, en France, une homogénéité sociale et culturelle.

La coexistence de la comédie et de la tragédie

S i cet esprit classique se retrouve chez la plupart des écrivains de cette période, il ne les empêche pas de manifester leurs différences. Ainsi, les deux grands auteurs de théâtre, Molière et Racine, tout en se réclamant de la régularité classique qui s'était déjà imposée auparavant (voir p. 137) et tout en s'attachant l'un et l'autre à faire le portrait de la nature humaine plutôt que celui d'individus, expriment chacun une vision du monde bien spécifique.

L'univers comique de Molière est déjà, en lui-même, marqué par la diversité. Molière pratique la farce où il multiplie, comme dans *la Jalousie du barbouillé* (voir p. 148), les gros effets comiques. Il reprend, dans la plupart de ses pièces (voir notamment *l'Avare,* p. 166, ou *le Malade imaginaire,* p. 175), le schéma traditionnel de la comédie d'intrigue (la comédie à l'italienne) : il met en scène de jeunes amoureux qui, avec l'aide de servantes ou de valets rusés, défendent leur bonheur contre des parents qui, par égoïsme, s'opposent à leur mariage. Il accorde une place déterminante à la peinture des personnages et dénonce, à travers les vices et les ridicules de son temps, ceux de toutes les époques. Son théâtre offre une véritable galerie de monomaniaques, qui, enfermés dans leur obsession et dans leur excès, font leur propre malheur et perturbent leur entourage, comme Harpagon dans *l'Avare* (voir p. 166) ou Argan dans *le Malade imaginaire* (voir p. 175). Parfois, la dénonciation va plus loin, et Molière s'en prend à l'organisation sociale même, se penchant sur des problèmes de société majeurs : *l'École des femmes* traite du mariage (voir p. 152), *le Tartuffe* de l'hypocrisie religieuse (voir p. 156), *Dom Juan* du libertinage qui remet en cause toutes les valeurs établies (voir p. 160), *le Misanthrope* de la sincérité (voir p. 162). Enfin, pour compléter cette gamme de tonalités fort étendue, Molière pratique également, comme dans *le Bourgeois gentilhomme* (voir p. 168) ou *le Malade imaginaire* (voir p. 175), la comédie-ballet, somptueux divertissement de cour.

À cette vision comique du monde s'oppose l'univers tragique de Racine, beaucoup plus homogène. La fatalité, qui régnait déjà dans les tragédies de l'Antiquité, est au centre du théâtre racinien. Un peu comme dans la conception religieuse des jansénistes, l'homme doit subir le sort qui lui a été assigné. Cette impuissance à être maître de son destin se concrétise dans le schéma de l'amour impossible et douloureux, dont l'exemple le plus significatif est fourni par *Andromaque* : Pyrrhus aime d'un amour non partagé Andromaque et est lui-même aimé d'Hermione qu'il n'aime pas, cette dernière étant l'objet de la passion sans espoir d'Oreste (voir p. 180). Le théâtre de Racine est le théâtre des passions : l'auteur y met en scène aussi bien la passion amoureuse que l'ensemble des pulsions qui troublent et aliènent l'être humain. Ainsi, dans une perspective morale, permet-il au spectateur, grâce à ce qu'on a appelé « la catharsis », de s'en libérer, de s'en purifier par personnage interposé.

Plus profondément, c'est de la manifestation d'irréductibles contradictions qu'il s'agit. Les personnages raciniens sont partagés entre des impulsions individuelles, qui font intervenir le désir, et des interdits sociaux, qui relèvent de la raison : ainsi Phèdre est poussée par le désir vers Hippolyte, tandis que sa raison l'incite à renoncer à cette folle passion (voir p. 195). Ce jeu des contradictions prend une dimension particulièrement tragique lorsqu'il oppose l'amour et le pouvoir. Comme dans *Britannicus* (voir p. 183) ou dans *Bajazet* (voir p. 186), le pouvoir se met alors au service de la passion et permet à ceux qui le possèdent le recours aux moyens d'action les plus contestables et les plus cruels.

La cohabitation de la raison
et du lyrisme

L a raison apparaît comme une des grandes valeurs du classicisme. Mais cette adhésion à
ce qui relève de l'universel, du général, n'exclut
pas pour autant le lyrisme, cette exaltation des
sentiments individuels. Cette cohabitation est
particulièrement nette dans le roman : l'héroïne
des *Lettres d'une religieuse portugaise,* de Guilleragues (voir p. 202), et celle de *la Princesse de
Clèves,* de madame de La Fayette (voir p. 205), ne
peuvent s'empêcher, malgré leur souci de domi-
ner leur passion, d'exprimer l'intensité de leur
amour et de leur souffrance.

De même, si, avec Boileau, semble venu le
temps d'une poésie dont l'inspiration est maîtri-
sée par la raison (voir p. 234), La Fontaine se sert
du genre didactique de la fable, destinée à instruire, à enseigner, pour manifester une conception personnelle de la vie et fait ainsi part de ses
sensations, de ses sentiments, de ses émotions
(voir p. 215). La poésie lyrique n'est pas morte et
trouve, dans la tragédie, un moyen d'expression
privilégié : le grand poète lyrique de cette période
est incontestablement Racine qui sait, par la
bouche de ses personnages (voir p. 179), traduire
toutes les nuances des passions et des souffrances intérieures.

La littérature d'idées illustre également la
coexistence de la raison et du lyrisme. Si la

modération guide l'honnête homme tel que le définit le chevalier de Méré (voir p. 241), si l'esprit critique marque la démarche de Saint-Évremond (voir p. 267), cela n'empêche pas la sensibilité de ces auteurs de s'exprimer. Et l'irrationnel, parfois l'émotion ou l'humour, émergent souvent : le cardinal de Retz attribue au hasard un rôle essentiel (voir p. 264) ; madame de Sévigné ressent profondément les événements qu'elle relate dans ses lettres (voir p. 259 et 262) ; Bossuet se fait l'orateur inspiré et lyrique de la misère ainsi que de la grandeur de l'homme (voir p. 271 et 275).

Fin de
siècle,
fin de
règne

Fin de siècle,
fin de règne

Le temps de la sclérose,
mais aussi des renouvellements

L'idée de monarchie absolue a représenté incontestablement un puissant moteur qui a
permis à l'organisation politique, à la société, aux
mentalités et à la création de progresser. Mais,
après avoir été une force d'innovation, elle est
inexorablement atteinte par la sclérose. En 1682,
Louis XIV et sa cour se sont définitivement installés au château de Versailles. Là, chacun se plie
à un cérémonial figé, ce qu'on appelle « l'étiquette », qui marque chaque moment de la jour-
née. Le roi est ainsi coupé des réalités et de ses
sujets. Le système centralisé qu'il a instauré
accentue encore cet isolement et fait de la France
un pays déséquilibré.

Par ailleurs, Louis XIV, qui mourra à l'âge de
soixante-dix-sept ans, n'a plus l'allant ni l'efficacité de sa jeunesse. Sous l'influence de madame
de Maintenon, qu'il épouse secrètement en 1683
après la mort de la reine, il tombe dans une piété
scrupuleuse, ce qui accentue encore la rigidité de

son comportement et l'amène, en particulier, à la grave erreur politique que constitue la révocation de l'édit de Nantes, en 1685. Cette mesure, qui provoque un exode massif des protestants hors de France, contribue à l'appauvrissement du pays. Les famines et les guerres déciment la population laborieuse, tandis que les privilégiés s'enrichissent et prospèrent.

Conservatisme et réformisme

Devant cette situation, les mentalités sont partagées entre le conservatisme et la nécessité des réformes. La querelle des Anciens et des Modernes témoigne de cette hésitation : elle oppose les partisans de l'imitation des auteurs de l'Antiquité, présentés comme des modèles intangibles, et ceux qui croient dans le progrès de l'art et dans sa nécessaire adaptation à la sensibilité contemporaine (voir p. 312).

La réflexion menée par les écrivains reflète bien les contrastes de cette période charnière. Tandis que, dans ses *Mémoires* (1694-1749), Saint-Simon exprime sa nostalgie du passé féodal, on peut percevoir chez La Bruyère (les *Caractères,* 1688) une condamnation des abus et des injustices, chez Fontenelle (*Histoire des oracles,* 1686) un esprit critique annonciateur de celui du siècle des Lumières et chez Fénelon enfin (les *Aventures de Télémaque,* 1699) la nécessité de réformer le pouvoir royal.

La crise que connaissent les genres littéraires témoigne des rigidités qui les entravent. La poésie a finalement succombé à l'emprise de la raison. Le théâtre se contente de reprendre les recettes de la régularité. Les écrivains ont usé jusqu'à la corde les vieux procédés qui avaient fait le succès des romans idéalistes ou historiques et se réfugient dans la parodie ou, comme Charles Perrault, dans le merveilleux (*Contes de ma mère l'Oye,* 1697). Mais la conscience même de ces limites annonce le renouvellement des genres qui se prépare et qui donnera le théâtre de Marivaux ou les contes de Voltaire.

Saint-Simon   *(1675-1755)*

....

Un nostalgique du passé.   Louis de Rouvroy, duc de Saint-Simon, est un de ces nobles attachés à leurs privilèges, qui regrettent le temps de la féodalité. Habité par des ambitions militaires puis politiques, ce nostalgique du passé souffre de ne pas voir ses mérites reconnus et, en 1723, renonce à la vie active.

Mémoires (1694-1749).   Saint-Simon consacre alors son temps à la rédaction de ses *Mémoires,* auxquels il avait commencé à travailler dès 1694 et qu'il achèvera en 1749. Dans cette œuvre de plusieurs milliers de pages, il exprime son amertume face à l'évolution des mœurs, évoque sans concession les événements dont il a été le témoin et offre un portrait souvent cruel de Louis XIV et de sa cour. Ces *Mémoires* ne seront publiés qu'en 1828.

Dans le chapitre LI du livre IV, Saint-Simon parle, sans complaisance, des qualités et des défauts de Louis XIV.

« Né avec un esprit au-dessous du médiocre »

Il ne faut point parler ici de ses premières années. Roi presque en naissant, étouffé par la politique d'une mère qui voulait gouverner, plus encore par le vif intérêt d'un pernicieux ministre[1], qui hasarda

---

1. Il s'agit de Mazarin, mort en 1661.

5   mille fois l'État pour son unique grandeur, et asservi
sous ce joug tant que vécut ce premier ministre,
c'est autant de retranché sur le règne de ce monarque. Toutefois il pointait sous ce joug[1]. Il sentit
l'amour ; il comprenait l'oisiveté comme l'ennemie
10   de la gloire ; il avait essayé de faibles parties de main
vers l'un et vers l'autre[2] ; il eut assez de sentiment
pour se croire délivré à la mort de Mazarin, s'il n'eut
pas assez de force pour se délivrer plus tôt. C'est
même un des beaux endroits de sa vie, et dont le
15   fruit a été du moins de prendre cette maxime, que
rien n'a pu ébranler depuis, d'abhorrer[3] tout premier ministre, et non moins tout ecclésiastique dans
son Conseil[4]. Il en prit dès lors une autre, mais qu'il
ne put soutenir avec la même fermeté, parce qu'il ne
20   s'aperçut presque pas dans l'effet[5] qu'elle lui
échappa sans cesse : ce fut de gouverner par lui-
même, qui fut la chose dont il se piqua le plus[6], dont
on le loua et le flatta davantage, et qu'il exécuta le
moins.

25   Né avec un esprit au-dessous du médiocre[7], mais
un esprit capable de se former, de se limer, de se raf-
finer, d'emprunter d'autrui sans imitation et sans
gêne, il profita infiniment d'avoir toute sa vie vécu

---

1. Sa personnalité apparaissait sous cette domination qu'il subissait.
2. Il s'était, sans grande conviction, affronté à l'amour et à l'oisiveté.
3. De détester.
4. Dans son Conseil de gouvernement.
5. Dans l'application de cette maxime.
6. Dont il s'enorgueillit le plus.
7. Une intelligence au-dessous de la moyenne.

30 avec les personnes du monde qui toutes en avaient le plus[1], et des plus différentes sortes, en hommes et en femmes de tout âge, de tout genre et de tous personnages. S'il faut parler ainsi d'un roi de vingt-trois ans, sa première entrée dans le monde fut heureuse en esprits distingués de toute espèce. Ses ministres

35 au dedans et au dehors étaient alors les plus forts de l'Europe, ses généraux les plus grands, leurs seconds les meilleurs, et qui sont devenus des capitaines en leur école, et leurs noms aux uns et aux autres ont passé comme tels à la postérité d'un consentement

40 unanime. Les mouvements dont l'État avait été si furieusement agité au dedans et au dehors, depuis la mort de Louis XIII, avaient formé quantité d'hommes qui composaient une cour d'habiles et d'illustres personnages et de courtisans raffinés.

MÉMOIRES, *1694-1749,*
livre IV, chapitre LI.

Guide de lecture

1. Vous lirez ce texte en notant, au fil de la lecture, les qualités et les défauts que Saint-Simon attribue à Louis XIV.
2. Analysez les qualités que Saint-Simon re-connaît au roi : quelles atténuations, qui les transforment en défauts, y apporte-t-il ?
3. Selon Saint-Simon, quelle est l'influence exercée par son entourage sur Louis XIV ?

---

1. Avaient le plus d'esprit.

LA BRUYÈRE   *(1645-1696)*

....

UN OBSERVATEUR. Après avoir mené jusqu'en 1684 une carrière judiciaire puis administrative, Jean de La Bruyère entre au service de la famille des Condés et y exerce notamment les fonctions de précepteur (professeur particulier) du petit-fils du Grand Condé. Cette situation privilégiée lui permet d'observer le comportement des personnages illustres et la vie de la cour.

LES CARACTÈRES (1688). La Bruyère consigne ses observations dans *les Caractères,* qu'il ne cessera de remanier et dont la première édition paraît en 1688. Il s'agit d'un ensemble de mille cent vingt portraits et réflexions regroupés en seize chapitres thématiques. Un peu à la manière de Molière, La Bruyère décrit des personnages englués dans des manies dont ils sont esclaves et qui perturbent leur entourage. Il montre le jeu des apparences et le déchaînement des excès. Il dénonce surtout les abus de pouvoir, la puissance de l'argent, la misère du peuple, les horreurs de la guerre, l'hypocrisie religieuse : il apparaît ainsi comme le pourfendeur des injustices, comme l'un des premiers écrivains à plaider pour une réforme du régime monarchique.

Dans le chapitre « De l'homme », La Bruyère décrit, avec beaucoup de comique et de vivacité, les vices et les ridicules de ses contemporains. Ces portraits sont souvent encore d'actualité, comme celui de Ménalque, un incorrigible distrait.

« N'aviez-vous que celui-là ? »

S'il se trouve à un repas, on voit le pain se multiplier insensiblement sur son assiette : il est
vrai que ses voisins en manquent, aussi bien que de
couteaux et de fourchettes, dont il ne les laisse pas
5 jouir[1] longtemps. On a inventé aux tables[2] une
grande cuillère pour la commodité du service : il la
prend, la plonge dans le plat, l'emplit, la porte à sa
bouche, et il ne sort pas d'étonnement de voir
répandu sur son linge et sur ses habits le potage qu'il
10 vient d'avaler. Il oublie de boire pendant tout le
dîner ; ou s'il s'en souvient, et qu'il trouve que l'on
lui donne trop de vin, il en flaque[3] plus de la moitié
au visage de celui qui est à sa droite ; il boit le reste
tranquillement, et ne comprend pas pourquoi tout le
15 monde éclate de rire de ce qu'il a jeté à terre ce qu'on
lui a versé de trop. Il est un jour retenu au lit pour
quelque incommodité[4] : on lui rend visite ; il y a un
cercle d'hommes et de femmes dans la ruelle[5] qui
l'entretiennent, et en leur présence il soulève la cou-
20 verture et crache dans ses draps. On le mène aux
Chartreux[6] ; on lui fait voir un cloître orné d'ouvrages, tous de la main d'un excellent peintre ; le reli-

---

1. Profiter.
2. Pour les repas.
3. Il en projette.
4. Pour une indisposition, une petite maladie.
5. Espace situé entre le mur et le lit, où mondaines et mondains
recevaient leurs invités.
6. Couvent de Chartreux, ordre religieux fondé par saint Bruno.

gieux qui les lui explique parle de saint Bruno[1], du chanoine et de son aventure, en fait une longue his-
25 toire, et la montre dans l'un de ses tableaux : Ménal-que, qui pendant la narration est hors du cloître, et bien loin au-delà[2], y revient enfin, et demande au père si c'est le chanoine ou saint Bruno qui est damné. Il se trouve par hasard avec une jeune veuve ;
30 il lui parle de son défunt mari, lui demande comment il est mort ; cette femme, à qui ce discours renouvelle ses douleurs, pleure, sanglote, et ne laisse pas de reprendre tous les détails de la maladie de son époux, qu'elle conduit[3] depuis la veille de sa fièvre,
35 qu'il se portait bien, jusques à l'agonie : « Madame, lui demande Ménalque, qui l'avait apparemment écoutée avec attention, n'aviez-vous que celui-là ? » Il s'avise un matin de faire tout hâter dans sa cuisine, il se lève avant le fruit[4], et prend congé de la compa-
40 gnie : on le voit ce jour-là en tous les endroits de la ville, hormis[5] en celui où il a donné un rendez-vous précis pour cette affaire qui l'a empêché de dîner, et l'a fait sortir à pied, de peur que son carrosse ne le fît attendre. L'entendez-vous crier, gronder, s'emporter
45 contre l'un de ses domestiques ? il est étonné de ne le point voir : « Où peut-il être ? dit-il ; que fait-il ? qu'est-il devenu ? qu'il ne se présente plus devant

---

1. Après avoir été en désaccord avec ses supérieurs, saint Bruno fonde en 1084, dans la région montagneuse de la Chartreuse, l'ordre des Chartreux.

2. Il est en esprit bien loin du cloître.

3. Qu'elle raconte.

4. Avant le dessert.

5. Sauf.

moi, je le chasse dès à cette heure. » Le valet arrive, à
qui il demande fièrement[1] d'où il vient ; il lui répond
50   qu'il vient de l'endroit où il l'a envoyé, et il lui rend
un fidèle compte de sa commission.

LES CARACTÈRES, *1688,*
« De l'homme », 7.

---

1. D'un air hautain.

Guide de lecture
••

**I. Vous relèverez et
expliquerez tous les cas
de distraction contenus
dans cet extrait.
2. Vous déterminerez,
parmi ces cas, ceux qui
sont encore d'actualité
et ceux qui sont liés aux
conditions de vie du
XVIIᵉ siècle.
3. En quoi le comporte-
ment de Ménalque
prête-t-il à rire ?**

La Bruyère ne se contente pas de constats amusés. Son
ton se fait parfois plus grave, comme dans l'extrait suivant, pour dénoncer les injustices et les privilèges qui
marquent la société de cette fin du XVIIᵉ siècle.

« L'on voit certains animaux farouches »

126.   Tels hommes passent une longue vie à se dé-
fendre des uns et à nuire aux autres, et ils meurent
consumés de vieillesse, après avoir causé autant de
maux qu'ils en ont soufferts.

5 127. Il faut des saisies de terre, et des enlèvements
de meubles, des prisons et des supplices, je l'avoue ;
mais justice, lois, et besoin à part, ce m'est une
chose toujours nouvelle de contempler avec quelle
férocité les hommes traitent d'autres hommes.

10 128. L'on voit certains animaux farouches, des
mâles et des femelles, répandus par la campagne,
noirs, livides et tout brûlés du soleil, attachés à la
terre qu'ils fouillent et qu'ils remuent avec une opi-
niâtreté invincible[1] ; ils ont comme une voix arti-
15 culée, et quand ils se lèvent sur leurs pieds, ils
montrent une face humaine, et en effet ils sont des
hommes ; ils se retirent la nuit dans des tanières où
ils vivent de pain noir, d'eau et de racine ; ils
épargnent aux autres hommes la peine de semer, de
20 labourer et de recueillir[2] pour vivre, et méritent ainsi
de ne pas manquer de ce pain qu'ils ont semé.

129. Don Fernand, dans sa province, est oisif,
ignorant, médisant, querelleux[3], fourbe, intempé-
rant[4], impertinent ; mais il tire l'épée contre ses voi-
25 sins, et pour un rien il expose sa vie ; il a tué des
hommes, il sera tué.

130. Le noble de province, inutile à sa patrie, à sa
famille et à lui-même, souvent sans toit, sans habits,

---

1. Avec une ténacité que rien ne peut arrêter.
2. De faire des récoltes.
3. Querelleur.
4. Sans retenue.

30 et sans aucun mérite, répète dix fois le jour qu'il est gentilhomme, traite les fourrures et les mortiers de bourgeoisie[1], occupé toute sa vie de ses parchemins et de ses titres, qu'il ne changerait pas contre les masses[2] d'un chancelier.

LES CARACTÈRES, *1688,*
« *De l'homme* », *126 à 130.*

---

1. Considère avec mépris et traite de bourgeois les magistrats qui portent la fourrure et le mortier (bonnet), insignes de leur fonction.
2. Bâtons de cérémonie, attributs du chancelier, chef de la justice.

Guide de lecture

1. Dressez la liste des catégories sociales dont parle ici La Bruyère, en montrant comment l'auteur caractérise chacune d'elles.

2. Quelles injustices La Bruyère dénonce-t-il ?
3. Comment son indignation se manifeste-t-elle ?

Dans le chapitre intitulé « Du souverain ou de la république », La Bruyère brosse le portrait du bon roi et critique ainsi indirectement les méthodes de gouvernement de Louis XIV.

« Un roi "père du peuple" »

27. Nommer un roi « père du peuple » est moins faire son éloge que l'appeler par son nom, ou faire sa définition[1].

---

1. Donner la définition du mot « roi ».

28.   Il y a un commerce [1] ou un retour de devoirs du
souverain à ses sujets, et de ceux-ci au souverain :
quels sont les plus assujettissants [2] et les plus péni-
bles, je ne le déciderai pas. Il s'agit de juger, d'un
côté, entre les étroits engagements du respect, des
secours, des services, de l'obéissance, de la dépen-
dance ; et d'un autre, les obligations indispensables
de bonté, de justice, de soins, de défense, de protection. Dire qu'un prince est arbitre de la vie des
hommes, c'est dire seulement que les hommes par
leurs crimes deviennent naturellement soumis aux
lois et à la justice, dont le prince est le dépositaire ;
ajouter qu'il est maître absolu de tous les biens de
ses sujets, sans égards, sans compte ni discussion,
c'est le langage de la flatterie, c'est l'opinion d'un
favori qui se dédira à l'agonie [3].

29.   Quand vous voyez quelquefois un nombreux
troupeau, qui répandu sur une colline vers le déclin
d'un beau jour, paît tranquillement le thym et le ser-
polet, ou qui broute dans une prairie une herbe
menue et tendre qui a échappé à la faux du moisson-
neur, le berger, soigneux et attentif, est debout auprès de ses brebis ; il ne les perd pas de vue, il les
suit, il les conduit, il les change de pâturage ; si elles
se dispersent, il les rassemble ; si un loup avide paraît, il lâche son chien, qui le met en fuite ; il les

---

1. Des relations.
2. Les plus astreignants.
3. Qui ne se rétractera que sur son lit de mort.

30 nourrit, il les défend ; l'aurore le trouve déjà en
pleine campagne, d'où il ne se retire qu'avec le
soleil : quels soins ! quelle vigilance ! quelle servitude[1] ! Quelle condition vous paraît la plus déli-
cieuse et la plus libre, ou du berger ou des brebis ? le
35 troupeau est-il fait pour le berger, ou le berger pour
le troupeau ? Image naïve des peuples et du prince
qui les gouverne, s'il est bon prince.

Le faste et le luxe dans un souverain, c'est le berger habillé d'or et de pierreries, la houlette[2] d'or en
40 ses mains ; son chien a un collier d'or, il est attaché
avec une laisse d'or et de soie. Que sert tant d'or à
son troupeau ou contre les loups ?

30. Quelle heureuse place que celle qui fournit
dans tous les instants l'occasion à un homme de
45 faire du bien à tant de milliers d'hommes ! Quel
dangereux poste que celui qui expose à tous moments un homme à nuire à un million d'hommes !

31. Si les hommes ne sont point capables sur la
terre d'une joie plus naturelle, plus flatteuse et plus
50 sensible, que de connaître qu'ils sont aimés, et si les
rois sont hommes, peuvent-ils jamais trop acheter le
cœur de leurs peuples ?

LES CARACTÈRES, *1688,*
« Du souverain ou de la république », 27 à 31.

---

1. Quelle contrainte !
2. Bâton utilisé par les bergers.

Guide de lecture

1. Dans l'extrait précédent, vous relèverez et commenterez les qualités que doit avoir un roi selon **La Bruyère**. Quelles sont les mises en garde que l'auteur adresse à **Louis XIV** de manière implicite ?

2. Quelle image l'auteur donne-t-il du peuple ? Comment pense-t-il qu'il doive se comporter ?

3. Vous étudierez l'ironie de ces textes.

FONTENELLE   *(1657-1757)*

······································

LE SENS DE LA TOLÉRANCE.   Né au milieu du XVIIe siècle,
mort, à cent ans, au milieu du siècle suivant, Bernard Le
Bovier de Fontenelle marque, par excellence, la transition entre le siècle de Louis XIV et le siècle des Lumières. Libertin (voir p. 139) et mondain, écrivain à la mode,
il apparaît, dans son œuvre, comme un homme qui a le
sens du relatif et comme un défenseur de l'esprit de
tolérance.

Dans les *Nouveaux Dialogues des morts* (1683) ou
dans l'*Histoire des oracles* (1686), il attaque, souvent avec
humour, les superstitions et les idées reçues. Les *Entretiens sur la pluralité des mondes* (1686) montrent que la
Terre et l'homme ne sont que des éléments infimes du
vaste univers. Son esprit de tolérance se manifeste aussi
dans la position qu'il adopte au cours de la querelle des
Anciens et des Modernes (voir p. 312) : dans la *Digres-
sion sur les Anciens et les Modernes* (1688), il s'engage
dans le camp des Modernes, mais avec nuance, en
reconnaissant le bien-fondé de certaines affirmations
des partisans des Anciens.

L'HISTOIRE DES ORACLES (1686).   **Dans cet ouvrage,
Fontenelle met en évidence la difficulté pour l'esprit
humain de saisir la vérité. Dans l'extrait qui suit, il part
d'une anecdote pour montrer comment les préjugés
conduisent, dans tous les domaines, à commettre des
erreurs parfois caricaturales.**

« Nous n'avons pas les principes qui mènent au vrai »

En 1593, le bruit courut que les dents étant tombées à un enfant de Silésie[1], âgé de sept ans, il lui en était venu une d'or, à la place d'une de ses grosses dents. Horstius, professeur en médecine
5 dans l'université de Helmstad[2], écrivit en 1595 l'histoire de cette dent, et prétendit qu'elle était en partie naturelle, en partie miraculeuse, et qu'elle avait été envoyée de Dieu à cet enfant pour consoler les chrétiens affligés par les Turcs[3]. Figurez-vous quelle
10 consolation, et quel rapport de cette dent aux chrétiens, ni aux Turcs. En la même année, afin que cette dent d'or ne manquât pas d'historiens, Rullandus en écrit encore l'histoire. Deux ans après, Ingolsteterus, autre savant, écrit contre le sentiment[4] que
15 Rullandus avait de la dent d'or, et Rullandus fait aussitôt une belle et docte réplique[5]. Un autre grand homme nommé Libavius ramasse tout ce qui avait été dit de la dent, et y ajoute son sentiment particulier. Il ne manquait autre chose à tant de beaux
20 ouvrages, sinon qu'il fût vrai que la dent était d'or. Quand un orfèvre l'eut examinée, il se trouva que c'était une feuille d'or appliquée à la dent avec beau-

---

1. Région de l'Europe centrale qui fait actuellement partie de la Pologne.
2. Ville allemande.
3. L'Europe centrale était alors directement menacée par les conquêtes de l'Empire ottoman (les Turcs).
4. L'opinion.
5. Une réponse savante.

coup d'adresse ; mais on commença par faire des livres, et puis on consulta l'orfèvre.

Rien n'est plus naturel que d'en faire autant sur toutes sortes de matières. Je ne suis pas si convaincu de notre ignorance par les choses qui sont, et dont la raison nous est inconnue, que par celles qui ne sont point, et dont nous trouvons la raison. Cela veut dire que non seulement nous n'avons pas les principes qui mènent au vrai, mais que nous en avons d'autres qui s'accommodent très bien avec le faux.

De grands physiciens ont fort bien trouvé pourquoi les lieux souterrains sont chauds en hiver, et froids en été ; de plus grands physiciens ont trouvé depuis peu que cela n'était pas.

Les discussions historiques sont encore plus susceptibles de cette sorte d'erreur. On raisonne sur ce qu'ont dit les historiens, mais ces historiens n'ont-ils été ni passionnés, ni crédules, ni mal instruits, ni négligents ? Il en faudrait trouver un qui eût été spectateur de toutes choses, indifférent et appliqué.

Surtout quand on écrit des faits qui ont liaison avec la religion[1], il est assez difficile que, selon le parti dont on est, on ne donne à une fausse religion des avantages qui ne lui sont point dus, ou qu'on ne donne à la vraie de faux avantages dont elle n'a pas besoin. Cependant on devrait être persuadé qu'on ne peut jamais ajouter de la vérité à celle qui est vraie, ni en donner à celles qui sont fausses.

HISTOIRE DES ORACLES, *1686,*
Première Dissertation, chapitre IV.

---

1. Qui concernent la religion.

Guide de lecture
....

1. Vous étudierez le récit sur lequel ce texte commence, en relevant les erreurs successives commises par les savants.

2. Quels sont les domaines de la connaissance que **Fontenelle** recense dans l'ensemble du texte ?

3. Quelle méthode scientifique l'auteur préconise-t-il implicitement ? Vous pourrez comparer cette méthode avec celles de **Descartes et de Pascal** (voir p. 59 et 63).

FÉNELON   *(1651-1715)*

UN RELIGIEUX ENGAGÉ DANS SON TEMPS. Nommé arche-
vêque de Cambrai en 1695 après une brillante carrière
ecclésiastique, François de Salignac de La Mothe-Féne-
lon est engagé intensément dans les affaires de son
temps. Prédicateur réputé, il est confronté aux grands
mouvements de pensée de la seconde moitié du XVIIᵉ
siècle : il combat le cartésianisme (voir p. 59); il lutte
contre le libertinage (voir p. 139) ; il contribue efficace-
ment, mais avec une certaine retenue, à la conversion
des protestants après la révocation de l'édit de Nantes
en 1685 ; il se fait, à partir de 1697, le défenseur du quié-
tisme, qui préconise la tranquillité de l'âme grâce à sa
fusion en Dieu. Son adhésion à cette doctrine rejetée
par l'Église officielle et la publication d'un écrit qui prend
sa défense lui valent la disgrâce royale.

C'est également un remarquable pédagogue :
devenu, en 1689, précepteur des petits-fils de Louis XIV,
il écrit pour eux un certain nombre d'ouvrages, parmi
lesquels des *Fables* (1690) et un roman, les *Aventures de
Télémaque* (1699). Il participe enfin à la querelle des
Anciens et des Modernes en adoptant une position mé-
diane (voir p. 312).

AVENTURES DE TÉLÉMAQUE (1699). Ce roman, rédigé
vers 1694, se présente comme une suite de l'*Iliade* et
de l'*Odyssée* du poète grec de l'Antiquité Homère :
Télémaque, accompagné de son précepteur Mentor,
est parti à la recherche de son père Ulysse, de retour

de la guerre de Troie. Dans cet ouvrage, destiné à ses élèves royaux, Fénelon se propose d'instruire agréablement, en utilisant la forme séduisante du récit : Télémaque doit affronter des situations qui l'amènent à réfléchir sur le monde et à se préparer à ses futures responsabilités. Cela permet à l'auteur de développer des conceptions réformistes (voir p. 314) et de présenter le modèle d'un roi attaché à la justice et veillant au bonheur de ses sujets. Il annonce ainsi le monarque éclairé cher aux philosophes du XVIIIe siècle.

Télémaque et son précepteur sont arrivés en Crète. Au cours de leur séjour, Mentor donne au roi Idoménée des conseils de gouvernement.

« Pourvu que les dieux leur donnent un bon roi »

Heureux ces hommes sans ambition, sans défiance, sans artifice[1], pourvu que les dieux leur donnent un bon roi, qui ne trouble point leur joie innocente. Mais quelle horrible inhumanité,
5 que de leur arracher, pour des desseins pleins de faste et d'ambition, les doux fruits de leur terre, qu'ils ne tiennent que de la libérale nature et de la sueur de leur front ! La nature seule tirerait de son sein fécond tout ce qu'il faudrait pour un nombre
10 infini d'hommes modérés et laborieux ; mais c'est

---

1. Sans volonté de tromper.

l'orgueil et la mollesse de certains hommes qui en mettent tant d'autres dans une affreuse pauvreté.

« Que ferai-je, disait Idoménée, si ces peuples, que je répandrai dans ces fertiles campagnes, né-
15 gligent de les cultiver ?

— Faites, lui répondait Mentor, tout le contraire de ce qu'on fait communément. Les princes avides et sans prévoyance ne songent qu'à charger d'impôts ceux d'entre leurs sujets qui sont les plus vigi-
20 lants et les plus industrieux[1] pour faire valoir leurs biens : c'est qu'ils espèrent en être payés plus facilement ; en même temps, ils chargent moins ceux que la paresse rend plus misérables. Renversez ce mauvais ordre, qui accable les bons, qui récompense le
25 vice et qui introduit une négligence aussi funeste au roi même qu'à tout l'État. Mettez des taxes, des amendes, et même, s'il le faut, d'autres peines rigoureuses sur ceux qui négligeront leurs champs, comme vous puniriez des soldats qui abandonne-
30 raient leurs postes dans la guerre ; au contraire, donnez des grâces[2] et des exemptions[3] aux familles qui, se multipliant, augmentent à proportion la culture de leurs terres. Bientôt les familles se multiplieront et tout le monde s'animera au travail ! il deviendra
35 même honorable : la profession de laboureur ne sera plus méprisée, n'étant plus accablée de tant de maux. On reverra la charrue en honneur, maniée par

---

1. Les plus travailleurs.
2. Des faveurs.
3. Des exemptions d'impôt.

des mains victorieuses, qui auraient défendu la patrie. Il ne sera pas moins beau de cultiver l'héritage
reçu de ses ancêtres, pendant une heureuse paix,
que de l'avoir défendu généreusement pendant les
troubles de la guerre. Toute la campagne refleurira :
Cérès[1] se couronnera d'épis dorés ; Bacchus[2], fou-
lant à ses pieds les raisins, fera couler, du penchant
des montagnes, des ruisseaux de vin plus doux que
le nectar[3] ; les creux vallons retentiront des concerts
des bergers, qui, le long des clairs ruisseaux, join-
dront leurs voix avec leurs flûtes, pendant que leurs
troupeaux bondissants paîtront sur l'herbe et parmi
les fleurs, sans craindre les loups.

AVENTURES DE TÉLÉMAQUE, *1699,*
livre X.

Guide de lecture

1. Quels conseils de gouvernement Mentor donne-t-il à Idoménée ?

2. Vous montrerez que Fénelon évoque ici un véritable âge d'or.

3. Relevez et analysez tous les détails qui créent, dans ce texte, une atmosphère cham-pêtre.

1. Dans la mythologie grecque, déesse de l'Agriculture.
2. Dieu du Vin et de la Vigne.
3. Breuvage des dieux.

PERRAULT *(1628-1703)*

UN « MODERNE ».

Connu surtout pour ses contes de fées, Charles Perrault n'est pas seulement l'auteur de cette œuvre célèbre. C'est d'abord un personnage officiel et honoré, qui assure la charge importante de contrôleur général de la surintendance des Bâtiments et qui est admis à l'Académie française en 1671. C'est ensuite un écrivain abondant, qui a pratiqué de nombreux genres poétiques, de la poésie burlesque à la poésie de circonstance, en passant par la poésie religieuse. C'est enfin un théoricien majeur, le chef de file des Modernes, dont il se fait l'interprète dans *Parallèle des Anciens et des Modernes* (1688-1697).

CONTES DE MA MÈRE L'OYE (1697).

Les contes de Perrault sont considérés de nos jours comme destinés aux enfants. Mais, en fait, les *Contes de ma mère l'Oye* (l'Oie), appelés aussi *Histoires ou Contes du temps passé,* ont été, à l'origine, conçus pour les adultes. Ils traitent de problèmes humains essentiels. Par exemple, ils représentent, comme dans *Barbe-bleue*, les forces instinctives qui habitent l'homme. Charles Perrault met en application ses idées dans ses contes : en s'inspirant de la tradition orale française, il adopte un genre que ne pratiquaient pas les auteurs de l'Antiquité. Il est, par ailleurs, en rupture complète avec la conception du roman qui faisait autorité à son époque : il écrit de courts récits qui se présentent d'emblée comme imaginaires, qui ne sont pas cautionnés par la réalité et qui n'ont rien de vraisemblable.

Dans *le Chat botté*, le chat représente la ruse populaire qui triomphe de tous les obstacles. Il réussit à persuader le roi de la richesse de son maître, le marquis de Carabas, qui peut ainsi épouser la princesse qu'il aime.

« Le Chat devint grand Seigneur »

Quelque temps après, le Chat ayant vu que l'Ogre avait quitté sa première forme[1], descendit, et avoua qu'il avait eu bien peur. « On m'a assuré encore, dit le Chat, mais je ne saurais le
5 croire, que vous aviez aussi le pouvoir de prendre la forme des plus petits animaux, par exemple, de vous changer en un rat, en une souris ; je vous avoue que je tiens cela tout à fait impossible. — Impossible ? reprit l'Ogre ; vous allez voir », et en même temps il
10 se changea en une souris, qui se mit à courir sur le plancher. Le Chat ne l'eut pas plutôt aperçue, qu'il se jeta dessus et la mangea.

Cependant le Roi, qui vit en passant le beau château de l'Ogre, voulut entrer dedans. Le Chat, qui
15 entendit le bruit du carrosse, qui passait sur le pont-levis, courut au-devant, et dit au Roi : « Votre Majesté soit la bienvenue dans ce château de Monsieur le Marquis de Carabas. — Comment, Monsieur le Marquis, s'écria le Roi, ce château est encore
20 à vous ! il ne se peut rien de plus beau que cette cour

---

1. Auparavant, le chat avait demandé à l'ogre de se changer en lion.

et que tous ces bâtiments qui l'environnent ; voyons les dedans[1], s'il vous plaît. »

Le Marquis donna la main à la jeune Princesse, et suivant le Roi qui montait le premier, ils entrèrent
25 dans une grande salle où ils trouvèrent une magnifique collation[2] que l'Ogre avait fait préparer pour ses amis qui le devaient venir voir ce même jour-là, mais qui n'avaient pas osé entrer, sachant que le Roi y était. Le Roi charmé des bonnes qualités de Mon-
30 sieur le Marquis de Carabas, de même que sa fille qui en était folle, et voyant les grands biens qu'il possédait, lui dit, après avoir bu cinq ou six coupes : « Il ne tiendra qu'à vous, Monsieur le Marquis, que vous ne soyez mon gendre. » Le Marquis, faisant de
35 grandes révérences, accepta l'honneur que lui faisait le Roi ; et dès le même jour épousa la Princesse. Le Chat devint grand Seigneur, et ne courut plus après les souris, que pour se divertir.

Contes de ma mère l'Oye, *1697,*
le Chat botté.

Guide de lecture
....

**1. Vous lirez ce texte en dégageant les différentes étapes du récit.
2. Vous relèverez et analyserez tous les éléments créateurs de merveilleux.**

3. Vous noterez les traits d'humour contenus dans ce texte.

---

1. Voyons l'intérieur.
2. Repas léger.

La querelle des Anciens et des Modernes

Durant la période 1685-1715, ce qu'on a appelé « la querelle des Anciens et des Modernes » exerce une influence considérable sur les mentalités. Deux conceptions s'affrontent alors : l'une étroitement liée aux leçons du passé, l'autre résolument tournée vers le présent. Les écrivains de cette époque se définissent en fonction de ces deux orientations : tandis que La Fontaine, Boileau et La Bruyère militent activement dans le camp des Anciens, Charles Perrault apparaît comme le chef de file des Modernes. Fénelon et Fontenelle, quant à eux, adoptent une position intermédiaire.

La position des Anciens

La position de ceux qui militent en faveur des Anciens est bien résumée dans cette affirmation de La Bruyère : « Tout est dit, et l'on vient trop tard depuis plus de sept mille ans qu'il y a des hommes, et qui pensent. Sur ce qui concerne les mœurs, le plus beau et le meilleur est enlevé ; l'on ne fait que glaner après les Anciens et les habiles d'entre les Modernes » (*les Caractères*, « Des ouvrages de l'esprit », 1). Pour les partisans des Anciens, donc, la perfection a été atteinte, une fois pour toutes, par les auteurs de l'Antiquité. Dans ces conditions, pour faire œuvre valable, il convient d'imiter ces écrivains, d'appliquer les règles d'écriture qu'ils ont su si bien mettre au point et édicter. Il faut inlassablement reprendre ces modèles, se rallier à des pratiques, en quelque sorte éternelles, qui mettent à l'abri du temps et des modes.

Si les partisans des Anciens ne croient pas que le progrès existe en art, ils n'ont pas tous pour autant une conception figée de la société. Certes, Saint-Simon apparaît comme un nostalgique du passé, regrette le bon temps de la féodalité et des privilèges nobiliaires (voir p. 289). Mais La Bruyère, pour sa part, adopte une position réformiste. Convaincu de l'injustice de la société de son époque, il dénonce les abus de pouvoir et la puissance de l'argent (voir p. 295).

La position des Modernes

Charles Perrault exprime clairement la position des Modernes lorsqu'il écrit dans *Parallèle des Anciens et des Modernes* : « [...] tous les arts ont été portés dans notre siècle à un plus haut degré de perfection que celui où ils étaient parmi les Anciens, parce que le temps a découvert plusieurs secrets dans tous les arts, qui, joints à ceux que les Anciens nous ont laissés, les ont rendus plus accomplis [...] ». Il insiste ainsi sur la nécessité de l'innovation, indispensable pour progresser. En s'appuyant sur les expériences des écrivains antérieurs, chaque génération d'auteurs pourra, de cette manière, faire mieux, parce qu'elle enrichira de ses propres apports l'héritage reçu. En tenant compte des données de leur époque, les artistes pourront, par ailleurs, adapter leur art à la sensibilité et à l'attente de leurs contemporains. C'est dans cette optique que se situe la recherche de formes nouvelles d'écriture : Fénelon, avec les *Aventures de Télémaque,* invente le roman didactique (voir p. 305) ; Charles Perrault, avec les *Contes de ma mère l'Oye* (voir p. 309), donne une orientation originale au conte merveilleux : il crée une œuvre littéraire fondée sur des récits folkloriques (littérature populaire de tradition orale) jusqu'alors ignorés du public cultivé, et remporte un vif succès. Fontenelle, quant à lui, renouvelle, pour exprimer ses idées, la forme de la dissertation (voir p. 301).

Cette volonté de renouvellement littéraire s'accompagne d'une remise en cause des idées reçues. Tandis que Fontenelle montre les dangers de l'intolérance et de la superstition (voir p. 301), Fénelon exprime le souhait de voir la monarchie absolue remplacée par un système plus souple et plus humain (voir p. 305). En cela, les Modernes ouvrent largement la voie au siècle des Lumières, à Voltaire ou à Diderot, qui lutteront contre l'obscurantisme et le pouvoir absolu (voir volume consacré au XVIIIe siècle).

Définitions
pour le commentaire de texte

Académies *(n.f.)* : institutions chargées de veiller à ce que les arts se conforment à une doctrine officielle en étroite liaison avec la politique culturelle du roi. L'Académie française, qui s'occupe du domaine littéraire, a été créée en 1635 par Richelieu.

action *(n.f.)* : dans une pièce de théâtre, enchaînement des événements et leur progression.

alexandrin *(n.m.)* : vers de douze syllabes qui comporte généralement en son milieu une coupure (une césure) qui le sépare en deux hémistiches.

allitération *(n.f.)* : dans une suite de mots, répétition de sonorités semblables, destinée à donner de l'expressivité. Exemple : « Votre Oreste au berceau va-t-il finir sa vie ? » (*Iphigénie,* Racine).

anaphore *(n.f.)* : procédé stylistique qui consiste à reprendre un même mot ou une même expression en tête de phrases ou de vers qui se suivent. Exemple : « De tous les deux côtés j'ai des pleurs à répandre ; / De tous les deux côtés mes désirs sont trahis. » (*Horace,* Corneille).

Anciens *(n.m.)* : partisans des Anciens qui, tels La Fontaine, Boileau ou La Bruyère, pensent que, pour faire œuvre valable, il faut imiter les auteurs de l'Antiquité.

antithèse *(n.f.)* : procédé stylistique qui consiste à caractériser une réalité par l'utilisation de deux termes de sens contraires qui soulignent ainsi les contradictions divisant cette réalité. Exemple : « Une esclave me dompte » (« la Belle Esclave more », Tristan l'Hermite).

art oratoire sacré : art des religieux qui prêchent, c'est-à-dire se font les interprètes de la parole de Dieu auprès des fidèles (voir « Bossuet »).

baroque *(n.m.)* : courant artistique de la première partie du XVIIe siècle caractérisé par la relativité, la fantaisie, la démesure et l'irrégularité.

bienséances *(n.f.)* : règles de décence correspondant aux conventions morales de l'époque que les écrivains et, en particulier les auteurs de théâtre, se doivent de respecter pour ne pas choquer les lecteurs ou les spectateurs.

burlesque *(n.m.)* : comique reposant sur des effets d'opposition qui consiste, notamment, à traiter des sujets sublimes (nobles, héroïques) en utilisant un style bas (familier, trivial). Paul Scarron est un des maîtres du burlesque.

catharsis *(n.f.)* : mot grec qui désigne le processus selon lequel le spectateur d'une tragédie se trouve « purgé » de ses passions, de ses impulsions en ressentant les fortes émotions vécues par les personnages.

classicisme *(n.m.)* : courant artistique de la seconde partie du XVIIᵉ siècle dont les principales caractéristiques sont la recherche de l'universalité, l'imitation des Anciens, la modération et la régularité (la soumission à des règles de création).

comédie *(n.f.)* : pièce de théâtre dont le déroulement est détendu et la fin heureuse pour les personnages positifs.

comédie-ballet *(n.f.)* : comédie qui comporte des scènes chantées et dansées (les intermèdes). Exemple : *le Bourgeois gentilhomme,* de Molière.

comédie de caractère : comédie construite autour d'un personnage central dont la peinture est privilégiée. Exemple : *le Malade imaginaire* de Molière, qui met en scène la maladie imaginaire d'Argan.

comédie d'intrigue : comédie qui accorde une place importante à l'intrigue où sont impliqués de jeunes amoureux. Exemple : *l'Avare,* de Molière, est, à la fois, une comédie d'intrigue et une comédie de caractère.

comédie de mœurs : comédie dont le but est de rendre compte des mœurs, des comportements sociaux des contemporains. Exemple : *les Femmes savantes,* de Molière.

comédie « politique » : comédie qui traite des grands problèmes de société. Exemple : *le Tartuffe,* de Molière.

comique de gestes : comique qui repose sur les mimiques, gestes et déplacements sur scène des personnages : poursuites, chutes, coups, etc. Exemple : *la Jalousie du barbouillé,* de Molière.

comique de mots : comique créé par la langue utilisée : jargon, vocabulaire technique, jeux de mots, mots erronés, etc.

Exemple : le latin, dans *le Malade imaginaire*, de Molière.

comique de répétition : accentuation de l'effet comique par la répétition d'un procédé, en lui-même déjà comique. Exemple : « Le poumon. » répété par Toinette dans *le Malade imaginaire,* de Molière.

comique de situation : comique suscité par le caractère ridicule de la situation dans laquelle s'est placé un personnage. Exemple : le docteur de *la Jalousie du barbouillé,* de Molière.

confident *(n.m.)* : personnage de théâtre, et en particulier de tragédie, qui recueille les confidences de son maître ou de son ami, ce qui permet de faire connaître au spectateur les sentiments et les motivations de celui qui se confie. Exemple : Œnone, dans *Phèdre,* de Racine.

cour *(n.f.)* : résidence et, par extension, entourage du souverain.

dénouement *(n.m.)* : issue, résolution des conflits à la fin d'une pièce de théâtre.

didascalie *(n.f.)* : indication scénique fournie par un texte de théâtre en dehors des paroles prononcées par les personnages (elle apparaît en italiques).

épistolaire (littérature) : œuvre littéraire se présentant sous la forme de lettres (voir « madame de Sévigné »).

épître *(n.f.)* : lettre littéraire souvent écrite en vers (voir « Boileau »).

étiquette *(n.f.)* : ensemble des règles qui régissent la vie de la cour.

exposition (scène d') : au début d'une pièce de théâtre, la ou les scènes qui apportent au spectateur toutes les informations utiles pour identifier les personnages et comprendre l'action.

farce *(n.f.)* : genre théâtral qui utilise les gros effets du comique de gestes. Exemple : *la Jalousie du barbouillé,* de Molière.

fatalité *(n.f.)* : force extérieure qui détermine le destin de l'être humain et qui, dans la tragédie, le conduit à sa perte.

Fronde *(n.f.)* : soulèvement contre Richelieu durant la première partie du XVIIe siècle (1648-1652).

grâce *(n.f.)* : force que Dieu donne à l'homme pour lui permettre de gagner son salut éternel.

gradation *(n.f.)* : procédé stylistique qui consiste à faire se suivre plusieurs mots ou expressions selon une progression du plus faible au plus fort. Exemple : « [...] Va, cours, vole et nous venge » (*le Cid,* Corneille).

guerres de Religion : guerres civiles entre catholiques et protestants qui déchirèrent la France de 1562 à 1598. Henri IV y mit fin avec l'édit de Nantes (1598), que Louis XIV révoqua en 1685.

héroï-comique *(adj.)* : qualifie un style sublime employé pour développer un sujet bas. Exemple : la « Satire VI » de Boileau).

honnête homme : homme au comportement ouvert, adapté à la société où il se trouve, qui sait se faire apprécier dans les milieux mondains où il évolue. Exemple : le chevalier de Méré.

honneur *(n.f.)* : haute conception qu'un homme a de soi-même, de sa caste et de son rang, et qui guide toutes ses actions (voir « Corneille »).

hyperbole *(n.f.)* : procédé stylistique qui consiste à accumuler les appréciations pour caractériser, de façon exagérée, une réalité. Exemple : « brilla de tant d'attraits divers » (« la Belle Matineuse », Voiture).

idéalisme *(n.m.)* : conception idéologique et esthétique qui privilégie l'esprit au détriment de la matière.

ironie *(n.f.)* : procédé stylistique qui consiste à dire une chose pour faire comprendre qu'en réalité on pense le contraire. Exemple : « Compère le Renard se mit un jour en frais » (« le Renard et la Cigogne », La Fontaine).

irréguliers *(n.m.)* : partisans de la liberté artistique qui refusent de subordonner la création au respect de règles (voir les « bilans littéraires » des périodes baroque et préclassique).

jansénisme *(n.m.)* : doctrine religieuse, inspirée de saint Augustin, selon laquelle Dieu n'accorde qu'à quelques élus la grâce qui permet de gagner le salut éternel (voir « Pascal »).

jésuitisme *(n.m.)* : doctrine religieuse exprimée au XVIᵉ siècle par l'Espagnol Ignace de Loyola, d'après laquelle l'être humain obtient le salut éternel grâce à ses actions et à son mérite.

libertins *(n.m.)* : adeptes d'une philosophie qui ramène tout à la matière (voir aussi « matérialisme »).

litote *(n.f.)* : procédé stylistique qui consiste en une atténuation de l'expression. Elle est destinée à faire comprendre le plus en disant le moins. Exemple : « Je ne vous nierai point, seigneur, que ses soupirs / M'ont daigné quelquefois expliquer ses désirs » (*Britannicus,* Racine).

lyrisme *(n.m.) :* expression des sentiments personnels.

matérialisme *(n.m.) :* conception du monde qui privilégie la matière au détriment de l'esprit : les libertins sont des matérialistes.

médiocrité *(n.f.) :* état de ce qui est modéré, de ce qui correspond au juste milieu ; l'honnête homme pratique la médiocrité.

métaphore *(n.f.) :* assimilation d'une réalité à une autre par l'intermédiaire d'une comparaison qui n'est pas exprimée en tant que telle. Exemple : « Vous nourrissez un feu » (*Phèdre,* Racine). Quand une métaphore se poursuit longuement, il s'agit d'une métaphore filée.

mètre *(n.m.) :* structure du vers déterminée par sa longueur et par ses coupes. Par exemple, l'octosyllabe, vers de huit syllabes, comporte généralement une coupe en son milieu, c'est-à-dire après la quatrième syllabe.

Modernes *(n.m.) :* partisans des Modernes qui, comme Charles Perrault, considèrent que l'art doit tenir compte de l'état des mentalités du public à l'époque de la création.

modernité *(n.f.) :* caractère de ce qui est moderne, qui impose aux créateurs de s'adapter au goût de leurs contemporains.

monarchie absolue : système politique mis au point par Louis XIV. Il est marqué par le centralisme et la concentration des pouvoirs.

monologue *(n.m.) :* au théâtre, longue tirade prononcée par un personnage seul sur scène, dans laquelle il exprime ses sentiments et ses intentions. Exemple : la scène première de l'acte V d'*Andromaque* (Racine).

monomanie *(n.f.) :* obsession à laquelle sont subordonnées toutes les actions d'un personnage. Exemple : l'avarice d'Harpagon dans *l'Avare* (Molière).

noblesse de robe : noblesse non héréditaire attachée à certaines fonctions, notamment judiciaires.

obstacle *(n.m.) :* personnage ou événement qui s'oppose au bonheur des personnages positifs. Exemple : les parents dans les comédies de Molière.

oraison funèbre : discours prononcé à l'occasion de la mort d'une personnalité (voir « Bossuet »).

passions *(n.f.) :* impulsions violentes qui agitent l'âme humaine.

pastorale *(n.f.) :* pièce de théâtre ou roman dont les héros sont des bergères et bergers idéalisés.

périphrase *(n.f.) :* manière détournée et complexe d'exprimer une idée. Exemple : « la nymphe divine à mon repos fatale » (« La Belle Matineuse » (Voiture).

platonisme *(n.m.) :* conception idéalisée de l'amour inspirée du philosophe grec Platon. L'amour platonique se manifeste dans le courant précieux.

pointe *(n.f.) :* effet brillant et inattendu qui achève l'expression d'une idée et qui est, en particulier, utilisé dans le sonnet. Exemple : « Et l'on crut que Philis était l'astre du jour » (« la Belle Matineuse », Voiture).

préciosité *(n.f.) :* attitude sociale et esthétique reposant sur le raffinement et l'affectation dans les manières et le langage (voir « Madeleine de Scudéry », « Voiture » et le bilan littéraire de la période préclassique).

réalisme *(n.m.) :* conception esthétique qui consiste à décrire la réalité telle qu'elle est.

réformisme *(n.m.) :* conception politique qui vise à transformer la société sans changer les institutions (voir « Fénelon »).

régence *(n.f.) :* gouvernement d'un État pendant l'absence ou la minorité du souverain légitime. Exemples : les régences de Marie de Médicis (1610-1617) ou d'Anne d'Autriche (1643-1661).

règle des unités : ensemble des règles du théâtre classique régulier destinées à assurer l'unité de la construction dramatique (unités d'action, de temps, de lieu et de ton). Voir aussi le bilan littéraire de la période préclassique.

réguliers *(n.m.) :* partisans de l'application de règles strictes qui garantissent le bon fonctionnement dramaturgique d'une pièce de théâtre.

roman comique : roman qui, dans une perspective comique, décrit, de façon réaliste, les mœurs de l'époque. Exemple : *Histoire comique de Francion,* de Sorel.

roman héroïque : roman qui évoque, avec un respect tout relatif de la vérité historique, des héroïnes ou des héros de l'Antiquité. Exemple : *Clélie,* de Madeleine de Scudéry.

roman historique : roman dont l'action se situe durant une période historique relativement récente par rapport au moment où il est écrit. Exemple : *la Princesse de Clèves,* de madame de La Fayette.

salons *(n.m.)* : cercles mondains surtout animés par des femmes où, au fil des conversations, se définissent le bon goût et les modes dans les domaines social et artistique. Exemple : le salon de madame de Rambouillet.

satire *(n.f.)* : dénonciation des vices et des ridicules des contemporains qui se fait en particulier sous une forme versifiée. Exemple : les *Satires,* de Boileau.

sermon *(n.m.)* : discours religieux prononcé dans les églises (voir Bossuet).

sonnet *(n.m.)* : poème à forme fixe comportant deux quatrains (strophes de quatre vers) et deux tercets (strophes de trois vers).

stichomythie *(n.f.)* : au théâtre, échange de répliques courtes et d'égale longueur.

synecdoque *(n.f.)* : procédé stylistique qui consiste à désigner un ensemble par un seul de ses éléments. Exemple : « Mon trône » pour désigner le royaume (*Mithridate,* Racine).

théâtre de cour : théâtre de divertissement à la mise en scène somptueuse destiné d'abord au roi et à sa cour. Exemple : *le Malade imaginaire,* de Molière.

tragédie *(n.f.)* : pièce de théâtre au déroulement tendu et qui s'achève de façon malheureuse pour les personnages positifs.

tragi-comédie *(n.f.)* : pièce de théâtre au déroulement relativement tendu, mais qui se termine heureusement pour les personnages positifs.

vraisemblances *(n.f.)* : ensemble de données qui font que la fiction paraît vraie et qui, dans le théâtre régulier, doivent éventuellement se substituer à des vérités invraisemblables.

Index des auteurs

Index des œuvres

Index des thèmes

Chronologie
historique et littéraire

Événements historiques	Œuvres
1589-1610 : règne de Henri IV **1598** : édit de Nantes	
	1607 : *Parnasse* (Malherbe)
	1607-1627 : *l'Astrée* (d'Urfé)
	1608 : *Introduction à la vie dévote* (Sales)
	1608-1613 : *Satires* (Régnier)
1610 : assassinat de Henri IV	
1610-1617 : régence de Marie de Médicis	
	1615-1620 : *Délices* (Malherbe)
1617 : assassinat de Concini	
1617-1643 : règne de Louis XIII	
1618-1648 : guerre de Trente Ans	
	1621 : *Pyrame et Thisbé* (Viau)
	1621-1632 : *Œuvres poétiques* (Viau)
	1623 : *Histoire comique de Francion* (Sorel)
	1623-1661 : *Œuvres poétiques* (Saint-Amant)

Événements historiques	Œuvres
1624 : entrée de Richelieu au Conseil du roi	1624-1665 : *Lettres* (Guez de Balzac)
	1626 : *Sylvie* (Mairet)
	1627 : recueil collectif (contenant des poèmes de Malherbe)
1628 : prise de La Rochelle	
	1630 : *Œuvres* (Malherbe)
1632 : exécution du duc de Montmorency	1632 : *les Galanteries du duc d'Ossonne* (Mairet)
	1632 : *la Galerie du palais* (Corneille)
	1633 : *les Plaintes d'Acante* (Tristan l'Hermite)
	1634 : *Sophonisbe* (Mairet)
1635 : fondation de l'Académie française	
	1636 : *l'Illusion comique* (Corneille)
	1637 : *le Cid* (Corneille)
	1637 : *Discours de la méthode* (Descartes)
	1640 : *Horace* (Corneille)
	1641 : *Cinna* (Corneille)
	1641 : *la Lyre* (Tristan l'Hermite)
	1641 : *Méditations métaphysiques* (Descartes)
1642 : exécution de Cinq-Mars et de De Thou ; mort de Richelieu	1642 : *Polyeucte* (Corneille)
1643 : mort de Louis XIII	
1643-1661 : régence d'Anne d'Autriche aidée de Mazarin	

Événements historiques	Œuvres
1648 : traité de Westphalie, qui achève la guerre de Trente Ans 1648-1652 : la Fronde	1645-1658 : *la Jalousie du barbouillé* (Molière) 1648-1652 : *Virgile travesti* (Scarron) 1649 : rédaction des *États et Empires de la Lune ;* édition en 1657 (Cyrano de Bergerac) 1649 : *les Passions de l'âme* (Descartes) 1649-1653 : *le Grand Cyrus* (Scudéry) 1649-1658 : *Œuvres* (Voiture) 1651 : *Nicomède* (Corneille) 1651-1657 : *le Roman comique* (Scarron) 1652 : rédaction des *États et Empires du Soleil ;* édition en 1662 (Cyrano de Bergerac) 1653 : *la Mort d'Agrippine* (Cyrano de Bergerac) 1654-1660 : *Clélie* (Scudéry) 1656-1657 : *Lettres à un provincial* (Pascal) 1657 : *Entretiens* (Guez de Balzac)
1659 : traité des Pyrénées, qui met fin à la guerre entre la France et l'Espagne 1660 : mariage de Louis XIV avec l'infante d'Espagne, Marie-Thérèse	1659 : *Sermon sur l'éminente dignité des pauvres* (Bossuet)

Événements historiques	Œuvres
1661 : mort de Mazarin et début du règne personnel de Louis XIV ; arrestation de Fouquet ; Colbert devient ministre **1661-1715** : règne de Louis XIV	
	1662 : *Sermon sur la mort* (Bossuet) **1662** : *Sertorius* (Corneille) **1662** : *l'École des femmes* (Molière) **1662** : *la Princesse de Montpensier* (madame de La Fayette) **1664** : *le Tartuffe* (Molière) **1664-1678** : *Maximes* (La Rochefoucauld) **1665** : *Dom Juan* (Molière) **1665-1674** : *Contes* (La Fontaine) **1666** : *le Misanthrope* (Molière) **1666** : *le Roman bourgeois* (Furetière) **1666-1716** : *Satires* (Boileau) **1667** : *Andromaque* (Racine)
1668 : paix d'Aix-la-Chapelle, qui met fin à la guerre de Dévolution entre la France et l'Espagne ; rattachement de la Flandre à la France	**1668** : *l'Avare* (Molière) **1668** : *Conversations* (Méré) **1668-1696** : *Fables* (La Fontaine) **1669** : *Britannicus* (Racine)

Événements historiques	Œuvres
	1669 : *Lettres d'une religieuse portugaise* (Guilleragues)
	1670 : *Pensées* (Pascal)
	1670 : *Oraison funèbre d'Henriette d'Angleterre* (Bossuet)
	1670-1698 : *Épîtres* (Boileau)
	1671-1677 : *Discours* (chevalier de Méré)
1672-1678 : guerre contre la Hollande	**1672** : *Bajazet* (Racine)
	1672 : *les Femmes savantes* (Molière)
	1673 : *le Malade imaginaire* (Molière)
	1673 : *Mithridate* (Racine)
	1674 : *Iphigénie* (Racine)
	1674 : *Art poétique* (Boileau)
	1674-1683 : *le Lutrin* (Boileau)
	1675-1679 : *Mémoires* (rédaction ; édition, 1717) [cardinal de Retz]
	1677 : *Phèdre* (Racine)
1678 : paix de Nimègue et rattachement de la Franche-Comté à la France	**1678** : *la Princesse de Clèves* (madame de La Fayette)
1681 : début des persécutions contre les protestants (les dragonnades)	
1682 : Louis XIV s'installe définitivement à Versailles	**1682** : *Lettres* (chevalier de Méré)

Événements historiques	Œuvres
1683 : mariage secret de Louis XIV et de madame de Maintenon ; mort de Colbert	**1683** : *Nouveaux Dialogues des morts* (Fontenelle) **1684** : *Réflexions sur les divers génies du peuple romain*, rédigées vers 1664 (Saint-Évremond) **1684** : *Dictionnaire universel* (Furetière)
1685 : révocation de l'édit de Nantes	
	1686 : *Entretiens sur la pluralité des mondes* (Fontenelle) **1686** : *Histoire des oracles* (Fontenelle) **1687** : *Oraison funèbre de Condé* (Bossuet)
1688-1697 : guerre de la ligue d'Augsbourg	**1688** : *les Caractères* (La Bruyère) **1688** : *Digression sur les Anciens et les Modernes* (Fontenelle) **1688-1697** : *Parallèle des Anciens et des Modernes* (Perrault) **1691** : *Athalie* (Racine) **1694-1749** : *Mémoires* (rédaction ; édition, 1828) [Saint-Simon] **1696** : *le Joueur* (Regnard) **1696-1697** : *Lettres* (première édition) rédigées de 1640 à 1696 (madame de Sévigné)

Événements historiques	Œuvres
	1697 : *Contes de ma mère l'Oye* (Perrault) 1699 : *Aventures de Télémaque* (Fénelon)
1701-1714 : guerre de la Succession d'Espagne 1702-1704 : soulèvement des protestants des Cévennes (les camisards)	
	1703-1706 : *Réponse aux questions d'un provincial* (Bayle) 1704 : *le Diable boiteux* (Lesage) 1708 : *le Légataire universel* (Regnard) 1709 : *Turcaret* (Lesage) 1713 : *les Illustres Françaises* (Challe) 1713-1714 : *la Voiture embourbée* (Marivaux)
1715 : mort de Louis XIV ; régence de Philippe d'Orléans	1715-1735 : *Gil Blas de Santillane* (Lesage)

Composition : Optigraphic
Imprimerie Hérissey – 27000 Évreux – N° 64881
Dépôt légal : mai 1994. – N° de série Éditeur : 18012.
imprimé en france *(Printed in France)*.
871 592– Mai 1994.